AF305356

DES

CRISES FINANCIÈRES.

ET

DE LA RÉFORME DU SYSTÈME MONÉTAIRE

DES

CRISES FINANCIÈRES

ET

DE LA REFORME

DU SYSTÈME MONÉTAIRE

PAR

CHITTI,

ANCIEN PROFESSEUR D'ÉCONOMIE SOCIALE.

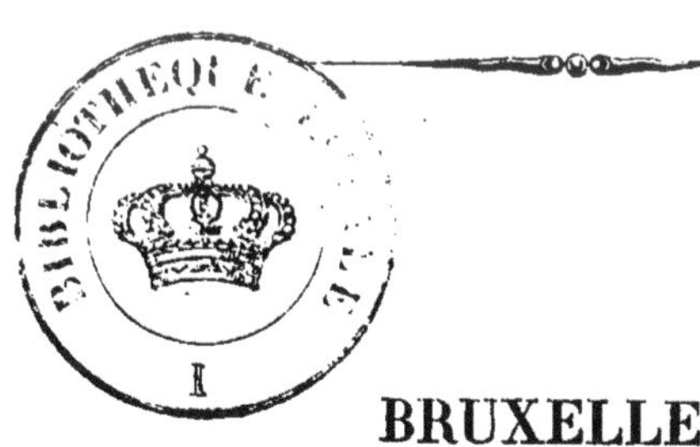

BRUXELLES.

MELINE, CANS ET COMPAGNIE.

LIBRAIRIE, IMPRIMERIE ET FONDERIE.

—

1839

AVERTISSEMENT.

Cet écrit était destiné à être inséré en deux articles dans une nouvelle *Revue* qui devait paraître
à Bruxelles à partir du 1er janvier 1839. Les dis-
cussions politiques sur une question vitale pour le
pays et le malaise financier qui a suivi la suspension
de la Banque Belgique, ayant absorbé presque exclusivement l'attention publique, les fondateurs de
la *Revue* ont jugé convenable d'en ajourner la publication.

Le sujet que nous avions pris la tâche de traiter,
n'étant pas étranger aux circonstances qui dans ce
moment émeuvent si vivement le pays, nous avons
cru utile de publier notre travail sous la forme d'o-
puscule, en y ajoutant quelques développements.

Assurément, nous aurions mieux fait de refondre
entièrement nos deux articles, et profitant des dimensions plus larges de la forme actuelle, compléter

notre ouvrage et mettre plus d'harmonie et d'ensemble dans ses parties. Mais nos loisirs sont bornés, et nous avons préféré de le publier tel qu'il est plutôt que de le garder, qui sait pendant combien de temps, dans nos cartons.

La question des crises est, comme on dit, palpitante, et nous regrettons vivement de n'avoir pas pu nous procurer les différentes brochures publiées en Angleterre et aux États-Unis sur ce sujet à l'occasion de la dernière crise américaine. Nous y aurions certainement puisé d'utiles enseignements ; toutefois nos convictions sur la cause des crises et sur le moyen de les conjurer sont tellement profondes que nous n'avons pas hésité à les soumettre au jugement de nos lecteurs.

Nous ignorons si dans les publications dont nous venons de parler se trouve la pensée qui rattache les crises au système monétaire métallique ; quant à nous, toute la question est là. Sans la réforme de la monnaie de métal, les crises reparaîtront inévitablement, comme les éclipses, à des époques déterminées. D'ailleurs, indépendamment de la nécessité d'empêcher le retour de ces grandes calamités sociales, la réforme de la monnaie métallique est une conséquence du développement de l'industrie et de la prospérité des nations ; et nous croyons servir la cause de la civilisation en la signalant à l'attention publique, et surtout aux méditations des hommes qui, par leur savoir ou par leur position politique, ont la mission de populariser et de réaliser les grandes vérités sociales qui font avancer l'humanité vers ses hautes destinées.

Bruxelles, le 16 avril 1839.

CRISES FINANCIÈRES

ET DE LA

RÉFORME DU SYSTÈME MONÉTAIRE.

PREMIÈRE PARTIE.

DES CRISES FINANCIÈRES.

La dernière crise financière qui a désolé les États-Unis d'Amérique et a atteint quelques États d'Europe, a dû engager les hommes qui ont médité sur les causes de la richesse et de la misère des peuples, à rechercher d'où viennent ces secousses irrésistibles et presque périodiques qui portent le trouble dans la vie industrielle des nations, et paralysent tout à coup et comme par enchantement leurs forces productives.

Il y a deux faits constants qui accompagnent les crises et qui pourront nous diriger utilement dans nos recherches.

1º Les crises ne se manifestent que chez les nations riches ;

2º Elles n'arrivent qu'au moment où l'action de leur industrie [1] a acquis une extension extraordinaire.

[1] Dans tout cet écrit nous employons le mot *industrie* dans le sens le

Les États où la production est peu développée, où il y a pénurie de capitaux, sont à l'abri des crises ; et les pays riches le sont également aussi longtemps que leur industrie suit une marche régulière. La crise ne les surprend qu'au moment où il y a excès d'entreprises ; où la fièvre des spéculations s'empare de tous les esprits, et les pousse à accueillir les projets les plus gigantesques et à mettre la main aux plus folles créations. La dernière crise américaine est arrivée au moment où l'exagération des entreprises a été portée si loin qu'on s'empressait à acheter par pied carré, et à des prix extrêmement élevés, le terrain de villes qui n'existaient que sur le papier, qui au moment de l'achat n'étaient que des landes désertes, ou des terres couvertes de marécages ; et la crise anglaise de 1825-1826 a fait sentir son cri lugubre au milieu des orgies industrielles et du bouillonnement des spéculations.

Qu'est-ce que c'est que la crise ?

La crise financière [1] est à l'égard d'une nation ce que la déconfiture est à l'égard d'un individu : c'est l'impuissance de remplir les engagements contractés. Mais comme un peuple considéré en masse ne prend

plus large. Nous désignons par ce mot, non-seulement les trois industries proprement dites, agricole, manufacturière et commerciale, mais toute autre entreprise qui concourt d'une manière quelconque à fournir à la communauté les choses dont elle a besoin.

[1] On appelle indistinctement : *financière, industrielle* ou *commerciale* la crise qui affecte violemment l'économie des nations, et qui est l'objet de la présente discussion. Nous avons préféré la première qualification, parce qu'elle établit un rapport plus intime entre le fait que le mot exprime et la cause qui, à notre avis, le produit.

d'engagements qu'avec lui-même (nous faisons abstraction de ses relations avec les autres peuples), la crise financière est, en d'autres termes, la déclaration d'impuissance d'une nation d'achever les ouvrages commencés.

Ainsi, la crise arrive parce que le pays entreprend plus qu'il ne peut exécuter, s'impose une tâche au-dessus de ses forces. Dès lors, le moment doit nécessairement arriver où il est obligé par épuisement à suspendre ses travaux, à balancer ses ressources avec les ouvrages entrepris, et à abandonner ou à ajourner l'accomplissement d'une partie pour employer tous ses moyens à finir l'autre.

Pour déterminer donc la cause des crises, il faut rechercher la cause qui pousse tout un peuple à exagérer sa puissance, à entreprendre plus qu'il ne peut accomplir.

Voilà, à notre avis, le problème des crises réduit à sa plus simple expression. Tâchons de le résoudre.

CAUSE DES CRISES.

On dit : La crise arrive parce que les producteurs travaillant séparément, ne s'entendant point pour coordonner la production avec la consommation, créent trop de produits, ne peuvent rentrer par défaut d'écoulement dans leurs déboursés, et sont obligés de manquer aux engagements contractés.

Il peut certainement arriver que dans telle branche d'industrie il y ait excès de production ; ce qui a fait dire à un membre de la chambre française , que la France produisait trop : mais cet inconvénient , quelque grave qu'il soit , n'atteint que telle ou telle industrie , et ne peut par conséquent affecter en masse toutes les industries du pays et amener la crise.

Il faut donc remonter plus haut; il faut rechercher une cause qui agisse d'une manière plus générale , qui excite à la fois toutes les forces productives de la société , les pousse à franchir les limites de leur puissance , et les oblige ensuite à retourner précipitamment et épuisées à leur position primitive.

Cette cause est l'excès d'émission de papier-monétaire [1] ; et elle est la seule cause permanente des crises.

La crise peut aussi être amenée par des événements inattendus, extraordinaires, tels qu'une révolution, la guerre, la crainte de la guerre, la peste, le choléra-morbus , ou tout autre désastre qui affecte la grande généralité des citoyens. Mais ces événements, n'ayant pas leur source dans l'état normal de la société, ne peuvent pas devenir l'objet de nos recherches sur les causes du désordre économique , appelé crise, et surtout sur les moyens de les prévenir ; car il faudrait avoir la prétention de faire disparaî-

---

[1] Nous appelons : *papier-monétaire* tout papier, quelle que soit sa dénomination , billets de crédit , billets de banque , banknotes , bons de caisse. bons royaux, papier-monnaie , assignats, mandats ou autres , qu'il soit ou non remboursable en monnaie métallique, pourvu qu'il remplisse les fonctions de monnaie; c'est-à-dire, qu'il soit donné et accepté en payement. qu'il serve en un mot d'intermédiaire des échanges.

tre toutes les misères physiques, politiques et sociales qui accompagnent l'humanité dans son passage sur la terre. Notre tâche est de parler des crises qui se rattachent au développement même des forces productives de la société, et nous n'allons pas au delà.

Pour prouver la proposition que nous venons d'énoncer, savoir, que les crises sont amenées par l'excès d'émission de papier-monétaire, nous ne nous arrêterons pas à la considération que dans les pays où il n'y a pas de papier-monétaire, il n'y a pas d'exemple de crises ; que ceux où l'on fait usage de ce papier dans une sphère rétrécie ne sont jamais atteints par cette grande calamité, et que même dans les pays où le papier-monétaire est généralement répandu, la crise n'arrive qu'au moment où l'excès d'émission en augmente tellement la masse que sa valeur descend au-dessous de la valeur de la monnaie métallique, altère la mesure commune des prix, bouleverse les calculs des producteurs et met en évidence la disproportion existante entre les ouvrages commencés et les moyens de les finir.

Tous ces faits sont sans contredit un puissant argument à l'appui de notre proposition ; mais comme un fait peut se rattacher à d'autres causes inconnues qui modifient à notre insu celles que nous avons observées, nous allons tâcher de démontrer *à priori* la vérité que nous venons d'énoncer, savoir, que la cause unique des crises est l'excès d'émission de papier-monétaire.

DES ÉCHANGES.

Le fait le plus concluant pour prouver la sociabilité de l'espèce humaine , est l'échange des produits. Il n'y a que l'homme qui travaille pour lui en travaillant pour les autres ; qui fait les choses dont les autres ont besoin pour obtenir en échange celles dont il a besoin lui-même. Les abeilles , les castors travaillent en société , forment aussi une association ; mais leur association est une famille où la production et la consommation se font en commun. L'homme seul échange les produits ; et l'échange est un des caractères distinctifs de sa race.

Par l'échange, l'homme est nécessairement associé à ses semblables , et il conserve néanmoins toute son indépendance. C'est ce fait immense qui réunit les individus et les nations éparses sur toute la surface du globe , qui constitue le lien indissoluble de la grande famille humaine.

L'association universelle est peut-être un rêve , si l'on entend soumettre tous les peuples aux mêmes conditions d'existence politique ; mais elle existe déjà, et elle deviendra toujours plus compacte et plus intime si l'on considère cette réciprocité de travail et de besoins , cet échange de produits et de jouissances qui rapprochent les peuples les plus éloignés , les États soumis à des systèmes de gouvernement les plus opposés.

Laissez que la grande vérité humanitaire , *la li-*

berté du commerce, ait triomphé des préjugés et des intérêts égoïstes qui s'opposent à son adoption ; attendez que l'émancipation commerciale soit devenue une loi des gens, et vous verrez les peuples se rapprocher de plus en plus, les antipathies de nation à nation s'affaiblir, les causes de lutte et d'inimitié disparaître, et une ère de paix et d'amour, garantie par la communauté des intérêts, par une solidarité de bien-être et de souffrances, succéder aux longues phases de guerre et de destruction qui jusqu'à ce jour ont désolé l'humanité.

DE LA VALEUR.

L'échange des produits a donné naissance à *la valeur*. Un sac de blé s'échangeant contre dix aunes de toile, on a dit que dix aunes de toile *valaient* un sac de blé, et *vice versâ*.

La valeur n'est donc pas la richesse ; elle n'est qu'un rapport. La richesse ce sont les choses utiles, et la valeur est le chiffre d'après lequel les choses utiles s'échangent mutuellement. Les écrivains de toutes les écoles ont confondu la valeur avec la richesse, et c'est cette confusion qui a frappé de stérilité le champ des doctrines économiques et a fait surgir tant d'opinions contradictoires sur les sources de la prospérité des nations. Nous ne nous arrêterons pas davantage sur cette considération, qui une fois admise placera, pensons-nous, la science de la richesse au nombre des sciences positives et applicables aux améliorations sociales.

L'évaluation des produits étant libre, chaque individu pouvant leur attribuer une valeur différente, nous serions surpris, si nous n'étions pas habitués à ce phénomène, en voyant les échanges s'opérer sans contraste, sans collision, comme si une autorité supérieure déterminait la valeur des choses, comme si les prix courants qu'on imprime, qu'on publie, et auxquels tout le monde se soumet, émanaient du pouvoir qui régit la société.

Il y a en effet une loi qui détermine la valeur des choses; c'est l'*offre* et la *demande*. Plus un produit est demandé, c'est-à-dire, plus est intense et étendu le besoin que ce produit est destiné à satisfaire, plus sont abondantes les ressources de ceux qui l'éprouvent, et plus sa valeur s'élève : et par contre, plus est grande la quantité de ce produit, plus est vif le désir de le débiter, et plus sa valeur baisse. Le prix courant n'est que la résultante de ces deux forces.

C'est cette merveilleuse loi des échanges qui met la production en rapport avec les besoins, qui distribue convenablement les forces productives entre les diverses industries, qui, tout en laissant à chaque producteur la liberté d'employer selon son bon plaisir le travail dont il dispose, harmonise néanmoins les volontés individuelles et les amène à diriger, comme si elles agissaient de concert, la production selon les besoins et les ressources de la société telle qu'elle se trouve constituée.

Les échanges ne pourraient cependant produire les grands avantages que nous venons de signaler sans l'intervention d'un produit privilégié, qui, par sa divisibilité, sa transportabilité, et par d'autres propriétés qu'il possède, pût servir d'instrument, d'intermédiaire des échanges et de mesure des valeurs. Ce produit est la *monnaie*.

La monnaie est la plus étonnante invention sociale : sans monnaie point de civilisation, point de développement des forces productives de l'homme; point, par conséquent, de puissance, de prospérité et de grandeur pour les nations.

La monnaie, étant un produit échangeable, a de la valeur; et sa valeur est soumise, comme celle de tout produit, à la loi de l'offre et de la demande. Elle s'élève et s'abaisse selon que ces deux causes agissent avec plus ou moins de puissance. Mais, comme la valeur de la monnaie sert de mesure aux autres valeurs, il est indispensable qu'elle soit autant que possible invariable.

Jusqu'à ce jour on n'a pas su créer un produit exclusivement monétaire, qui n'eût d'autre utilité que celle de servir d'instrument des échanges et de mesure des valeurs. Dans l'absence de ce produit exclusivement monétaire, on a attribué les fonctions de monnaie à un produit déjà existant dans la société, ayant une utilité autre que l'utilité monétaire, mais propre à acquérir cette nouvelle utilité.

Ce produit est l'or et l'argent. Indépendamment des autres qualités pour bien remplir les fonctions de monnaie, les métaux précieux possèdent celle de la fixité de leur valeur. En effet, la production de l'or et de l'argent, c'est-à-dire, l'offre qui est un des éléments de la valeur, est à peu près constante, et la consommation s'étendant sur tout le globe, et n'étant sujette à d'autres variations qu'au progrès lent et presque imperceptible de la richesse de tous les peuples pris en masse [1], la demande sera aussi jusqu'à un certain point stationnaire.

Ainsi, la monnaie est un produit qui a son utilité et sa valeur au même titre que le drap, le blé, les machines, ou toute autre chose que nous ne pouvons obtenir qu'en cédant d'autres produits en échange.

La seule propriété qui appartient exclusivement à la monnaie, c'est qu'elle peut satisfaire les mêmes besoins, servir d'intermédiaire à la même somme de transactions, soit qu'on en diminue, soit qu'on en augmente la quantité. C'est comme si l'on allongeait ou si l'on raccourcissait une mesure linéaire; elle servirait dans l'un et dans l'autre cas à mesurer la même quantité d'étoffe; seulement l'étoffe contiendrait un plus grand ou un plus petit nombre d'unités linéai-

---

[1] Dans les pays où la richesse générale augmente avec moins de lenteur, le besoin d'or et d'argent n'augmente pas dans la même proportion, attendu que les pays riches emploient, proportion gardée, une moindre quantité de monnaie métallique pour leurs transactions ; ils y suppléent avec du papier-monétaire.

res, selon que la mesure serait plus ou moins longue. Également à l'égard de la monnaie, il faut donner un plus ou moins grand nombre d'unités monétaires en échange des mêmes produits, suivant que la masse totale des monnaies existantes est plus ou moins grande. Cette considération, que nous développerons plus amplement lorsque nous exposerons la théorie d'un nouveau système monétaire, suffit pour le moment à nous prémunir contre l'opinion de ceux qui affirment qu'en augmentant la masse des valeurs monétaires on augmente la richesse du pays : le seul résultat qu'on obtiendrait ce serait d'altérer la mesure des valeurs. Et cela, pour le dire en passant, met à nu toute l'absurdité du système mercantile qui préfère l'importation de l'or et de l'argent à celle des autres produits que réclament les besoins de la société.

L'intervention de la monnaie dans les échanges a donné naissance à un autre fait social d'une grande importance ; nous voulons parler de *l'épargne* et du *capital*.

———

DE L'ÉPARGNE ET DU CAPITAL.

Le cultivateur qui a récolté 50 sacs de blé, et qui n'en emploie que 30 pour ses consommations, peut céder à un tiers la jouissance des 20 sacs restants, moyennant indemnité et en s'en réservant la propriété.

L'acte d'abstinence du cultivateur qui retranche 20 sacs de blé de la quantité destinée à ses besoins, s'appelle *épargne ;* la cession de la jouissance de son blé à un tiers, en s'en réservant la propriété, s'appelle *prêt,* et le blé que le cultivateur s'abstient de consommer pour son propre usage, et dont il cède la jouissance à un tiers, en s'en réservant la propriété, prend le nom de *capital.*

Considérant le capital sous ce point de vue, la dénomination *d'abstinence* que lui a donnée le savant économiste anglais, M. Senior, est très-heureuse, et exprime parfaitement l'idée principale contenue dans le mot *capital.* En effet, par la vente on cède aussi à un autre la jouissance des produits qu'on vend ; mais on reçoit en échange un autre produit, dont on a la pleine jouissance : c'est donc un échange de jouissances. Au contraire, par le prêt, le possesseur du capital ne reçoit rien en échange, excepté l'indemnité convenue avec le cessionnaire, et il s'oblige, pendant toute la durée du prêt, de s'abstenir de l'usage de la chose prêtée.

Les capitaux ne sont donc autre chose que des produits disponibles dont les possesseurs cèdent à d'autres la jouissance et se réservent la propriété. Il est donc inexact de dire que les capitaux sont des produits soustraits à ce qu'on appelle consommation improductive, pour les destiner à la consommation productive, puisque les emprunteurs peuvent les consommer et les consomment souvent improductivement.

Cette erreur provient de ce que l'on confond les capitaux avec les forces productives ; et il est important de distinguer ces deux ordres de produits, pour bien déterminer le rôle que chacun d'eux joue dans l'œuvre de la production.

Il n'y a dans la société, sous le rapport économique, que des produits. Un pays est riche s'il possède beaucoup de produits, c'est-à-dire, de choses utiles dont les habitants peuvent faire usage pour la satisfaction de leurs besoins, soit physiques, soit moraux, soit intellectuels. Ce n'est que pour la commodité du langage et pour expliquer plus aisément les phénomènes de la richesse qu'on donne aux choses utiles différentes dénominations, selon le point de vue où l'on se place pour les considérer.

Ainsi les choses destinées à satisfaire immédiatement nos besoins, prennent le nom de *produits* proprement dits ; celles destinées à créer d'autres produits prennent le nom de *forces productives ;* celles qui, quelle que soit leur destination , sont mises par les possesseurs à la disposition des tiers, tout en s'en réservant la propriété , prennent le nom de *capital.*

On voit donc que l'idée contenue dans la dénomination de *force productive* est autre que celle exprimée par le mot *capital.* La force productive est l'agent et l'instrument de la production ; le capital est tout produit quelconque dont le possesseur cède à un autre la jouissance , soit que celui-ci l'emploie à satisfaire immédiatement ses besoins, soit qu'il le fasse servir à l'œuvre productive. Dire qu'un pays est riche en capitaux, ce n'est pas dire qu'il possède une grande quantité de forces productives; mais bien qu'il y a dans ce pays beaucoup de personnes qui possèdent assez de produits pour en céder la jouissance d'une partie à des tiers. Ordinairement le pays riche en capitaux, comme l'Angleterre, est aussi riche en forces productives, parce que, le capital étant la conséquence de l'épargne, et l'épargne étant la suite d'une production féconde, cela suppose l'existence de forces productives abondantes pour obtenir cette fécondité. Toutefois un pays peut posséder beaucoup de capitaux, et ne pas posséder des forces productives dans la même proportion. La Hollande en est un exemple. Elle possède une grande masse de capitaux, mais elle les prête à l'étranger et alimente la production des autres États. Le peu d'étendue du territoire hollandais et les mœurs commerciales de ses habitants, expliquent cette émigration des capitaux, qui trouvent plus d'avantage à se mettre à la disposition de l'industrie des autres pays, qu'à étendre et entretenir l'industrie intérieure.

C'est pour avoir confondu ces deux ordres de produits, les capitaux et les forces productives, qu'on a obscurci plusieurs questions très-simples sur l'épargne et les capitaux, et que des écrivains distingués n'ont pu se mettre d'accord pour les résoudre. Nous pourrions relever de graves erreurs, admises généralement, sur le rôle que l'épargne et le capital jouent dans l'économie des nations, et sur l'appréciation de leur concours au mouvement ascendant de la richesse publique : nous pourrions aussi signaler la source de ces erreurs, qui est la même que celle où l'on a puisé plus d'une fausse doctrine sur les causes de la prospérité et de la misère des peuples. Mais une pareille discussion , quoiqu'elle jetterait quelque jour sur l'objet de cet écrit, nous éloignerait trop de la route que nous devons suivre pour l'atteindre.

Il nous suffit pour le moment de bien établir que les capitaux ne sont autre chose que des produits disponibles, et qu'on ne peut autrement accroître le capital de la société qu'en augmentant par l'épargne ou par une production plus féconde la masse des produits disponibles.

La monnaie intervient dans les prêts de la même manière que dans les échanges. S'il n'y avait pas de monnaie, le cultivateur qui, dans l'exemple ci-dessus, a 20 sacs de blé disponibles, ne pourrait les prêter qu'à la personne qui a besoin de blé, et d'une quantité précisément égale à celle qu'il convertit en capital. Dans ce cas , le cercle des prêts serait bien rétréci ; et peu de personnes seraient tentées de faire des épargnes pour créer de nouveaux capitaux. Le prêt, au contraire, a pris d'immenses proportions par l'intervention de la monnaie. Ce même cultivateur, qui n'a que du blé à prêter, peut, en le vendant, prêter la monnaie qu'il retire de la vente ; c'est comme s'il prêtait le fer , les machines , les services , enfin toutes les choses dont l'emprunteur a besoin et qu'il achète avec la monnaie que le cultivateur lui aura prêtée.

Le prix des capitaux, c'est-à-dire, le montant de l'indemnité que le possesseur reçoit pour en céder à d'autres la jouissance, suit la même loi qui détermine le prix de tous les produits, savoir, celle de l'offre et de la demande. Quand le prêt s'effectue en numéraire, l'indemnité dont nous venons de parler prend le nom d'*intérêt*. Or, l'intérêt est plus ou moins élevé selon que les capitaux sont plus ou moins offerts et qu'ils sont plus ou moins demandés.

Dans les pays où il y a abondance de capitaux, l'intérêt est bas ; et le taux modéré de l'intérêt est un signe infaillible de l'abondance des capitaux et de la richesse du pays. Mais le prix élevé de l'intérêt n'est pas toujours un signe de pénurie. Il peut être la conséquence d'une grande activité dans l'œuvre productive. Aux États-Unis d'Amérique, où des terres fécondes et presque sans bornes offrent un aliment inépuisable à l'industrie du pays, les capitaux sont très-demandés, et par conséquent l'intérêt en est élevé ; et il doit l'être davantage à l'intérieur, au voisinage des terres non encore défrichées, que dans les villes maritimes où l'offre est plus en rapport avec la demande. L'industrie agricole, quand elle s'exerce sur un sol vierge, non-seulement présente un placement avantageux aux capitaux, mais elle crée de nouveaux consommateurs pour ses produits. La population des États-Unis double tous les 25 ans, et étend ainsi, à la fois, la demande des produits et la demande des capitaux. Dans ces contrées, l'intérêt des capitaux sera élevé, aussi longtemps qu'il y aura de nouvelles terres à exploiter, et de nouveaux consommateurs à faire subsister.

Ainsi, d'après ce qui précède nous pouvons conclure : 1° que les capitaux ne sont pas des êtres de raison, des créations chimériques, mais bien des produits réels, existants, dont les possesseurs s'abstiennent de faire usage pour les mettre à la disposition d'autrui ; 2° que les prêts, qu'ils se fassent en nature ou en numéraire, sont toujours des produits disponibles que les prêteurs cèdent à des tiers, moyennant certaines conditions et en s'en réservant la propriété ; 3° que tout prêt qui consisterait en valeurs fictives, en signes représentatifs de produits qui n'existent pas, est un mensonge, est un moyen détourné pour céder les choses qu'on ne possède pas, pour usurper le droit de disposer de produits qui sont à la disposition d'autrui, pour percevoir une indemnité en cédant la jouissance de choses sur lesquelles on n'a aucun droit de propriété.

Voilà certainement des vérités si évidentes qu'on pourrait nous accuser de puérilité en nous voyant occupés sérieusement à les démontrer. C'est cependant pour les avoir méconnues, que non-seulement les hommes irréfléchis, mais des écrivains distingués, soutiennent qu'en augmentant au moyen de papier-monétaire la masse des valeurs existantes, et en prêtant ces valeurs imaginaires à l'industrie, on crée des capitaux nouveaux, on ajoute de nouvelles forces productives à celles qui existent déjà, et on élève ainsi indéfiniment la puissance et la richesse des nations.

Cette opinion, énoncée à la suite des considérations qui précèdent, ne peut tromper personne ; son erreur est trop évidente : mais, déduite des idées admises sur les ressources que le crédit procure à ceux qui possèdent le travail et manquent de capitaux, elle peut facilement séduire les esprits qui n'ont pas assez médité sur le mode d'action de ce rouage industriel. Et comme le but de notre travail est précisément de démontrer que l'excès d'émission de papier-monétaire, que le crédit provoque et rend facile, loin d'augmenter la masse des forces productives du pays, énerve celles qui existent et amène les crises, il est indispensable d'exposer succinctement la théorie du crédit et de reconnaître jusqu'à quel point il peut rendre des services utiles à la production.

DU CRÉDIT.

Le crédit joue un grand rôle dans les entreprises particulières. Il augmente indubitablement les ressources des producteurs et concourt efficacement à étendre la sphère de leurs opérations.

Comment le crédit produit-il ce résultat ? A-t-il le pouvoir de multiplier les moyens de production existants ? de créer des forces productives nouvelles ?

Non, certainement. Le crédit ne crée pas de nouvelles forces productives ; mais il fait passer d'une main à une autre celles qui existent déjà. Et comme

le plus souvent la main qui s'en dessaisit n'a pas l'ha-
bileté ou la volonté nécessaire pour les mettre en
action, et que celle qui les reçoit sait et veut les faire
servir à l'œuvre productive, le crédit est un bien,
parce qu'il contribue à utiliser des moyens de production qui sans lui resteraient inertes dans les mains
des possesseurs. Voilà comment le crédit sert la
chose industrielle. Il ne crée pas les capitaux, mais
les transporte là où ils peuvent être utilement employés.

Une nation peut aussi, comme l'individu, accroître ses ressources par le crédit ; mais en empruntant
des capitaux étrangers. Si elle sait en tirer plus d'u-
tilité qu'elle n'en doit sacrifier pour payer l'intérêt
des capitaux empruntés, l'emprunt devient une
source de bien. Elle peut aussi emprunter des capitaux indigènes ; mais dans ce cas ce n'est pas un emprunt qu'elle fait, car elle emprunte à elle-même ; ce
n'est qu'un déplacement de capitaux. Ce déplacement
peut être utile ou nuisible selon la nature, l'urgence
et l'étendue des besoins que les capitaux déplacés
avaient, conjointement avec le travail, la mission
de satisfaire avant le déplacement, et des besoins
qui sont l'objet de leur nouvelle destination. Si la
nation déplace une partie de ses capitaux pour entreprendre une guerre injuste, il en résulte une
perte ; si, au contraire, elle les déplace pour défendre ses institutions, pour repousser l'oppression
étrangère, ou pour ouvrir des routes, des canaux,
ou entreprendre d'autres ouvrages que les progrès

de l'industrie réclament, le déplacement est avantageux ; et notons, que même pour les travaux d'utilité publique, le déplacement des capitaux n'est avantageux que pour autant que les besoins réclament plus vivement les ouvrages de cette nature que les produits à la confection desquels les capitaux déplacés devraient être distraits. Si, dans un pays peu peuplé et pauvre de capitaux, on en enlevait une partie à sa chétive industrie pour construire des chemins de fer, utiles incontestablement aux pays riches et très-peuplés, on opérerait un déplacement désavantageux, quoique les capitaux fussent employés en ouvrages d'utilité générale.

Si maintenant nous envisageons sous un autre point de vue le crédit d'une nation ; si nous le considérons comme la somme des crédits individuels et mutuels des citoyens, il est évident que quelle que soit l'étendue de ces crédits, ils ne peuvent dépasser la somme des produits disponibles, c'est-à-dire, des capitaux existants. Supposons que chaque individu eût assez de crédit pour emprunter, c'est-à-dire, pour disposer de tous les capitaux du pays, il n'y aurait qu'un seul entre tous qui pourrait faire usage de son crédit ; celui des autres resterait sans effet, faute de capitaux, tous ayant été absorbés pour un seul emprunteur. Cette supposition d'un crédit mutuel illimité de tous les habitants d'un pays, rend, nous semble-t-il, plus sensible l'impuissance du crédit intérieur pour accroître la masse des capitaux.

Ainsi, une nation, soit qu'on la considère sous le

rapport des intérêts généraux , soit qu'on l'envisage sous celui des intérêts individuels des citoyens , ne peut par le crédit accroître la masse de ses capitaux autrement qu'en empruntant à l'étranger. Quant aux emprunts faits à l'intérieur par la nation, comme être moral, à ses propres citoyens, ou par les citoyens mutuellement l'un envers l'autre , ils n'ajoutent rien aux capitaux existants ; ils n'ont d'autre pouvoir que de les déplacer.

Ce n'est pas ainsi que les partisans du papier-monétaire envisagent l'action du crédit : voici leur raisonnement. En général , les producteurs , disent-ils , ont besoin d'argent comptant pour se procurer les choses nécessaires à leur industrie ; et ce n'est qu'un bien petit nombre qui les obtiennent par le crédit. Ce serait donc rendre un grand service à l'industrie , si l'on pouvait généraliser le système de crédit et mettre tous les travailleurs en état de se procurer les capitaux nécessaires pour alimenter leur travail. On verrait alors , concluent-ils , surgir de nouveaux établissements ; on doublerait, on triplerait la production annuelle, et on augmenterait ainsi indéfiniment la richesse et la puissance du pays. Voyez , ajoutent-ils , l'Angleterre et les États-Unis d'Amérique, où grâce au crédit, qui s'étend jusqu'aux classes inférieures de la société , la richesse a fait des progrès étonnants.

Il y a dans ce raisonnement une pétition de principe. Dire : généralisez le crédit ; faites que tout travailleur puisse emprunter toutes les choses dont il a

besoin pour alimenter son travail, et vous enrichirez
le pays; c'est dire : enrichissez le pays, et vous enrichirez le pays. Car la quantité de capitaux que le
pays possède étant circonscrite, il est impossible que
les travailleurs puissent tous obtenir les capitaux
qu'ils voudraient employer à créer de nouvelles industries. Plus un pays est riche, plus il a de capitaux à la disposition des travailleurs, et plus par
conséquent le système de crédit s'étend et se généra-
lise : ainsi, le crédit est très-étendu en Angleterre et
aux États-Unis, parce que ces pays sont riches; et
ils ne sont pas riches parce que le crédit y est très-
étendu. On aurait beau élargir le système de crédit
en Espagne, en Sicile, et dans d'autres États pauvres,
les capitaux n'en seraient pas plus abondants, et le
pays n'en deviendrait pas plus riche, à moins que le
crédit n'y amenât des capitaux étrangers. D'ailleurs,
outre l'abondance des capitaux, le crédit exige plus
d'intelligence et de moralité industrielle de la part
de ceux qui pourraient en profiter; et en industrie,
l'intelligence et la moralité sont en raison du développement de la richesse publique.

Ce qui est vrai, c'est que plus le crédit se généra-
lise dans un pays, moins il y a de capitaux oisifs, plus
est facile et rapide leur mouvement dans les canaux
de la production. Voilà le bien que le crédit procure;
mais croire que le crédit fait naître par sa propre
puissance les capitaux, c'est une illusion de l'esprit.

Puisqu'il serait avantageux, ajoutent les partisans
du papier-monétaire, de généraliser le crédit, le

meilleur moyen pour atteindre ce but est de créer
des institutions de crédit qui puissent fournir abon-
damment aux travailleurs les capitaux dont il ont
besoin.

Nous ferons observer que si la mission des institutions de crédit était de recevoir d'un côté les capitaux disponibles et de les prêter de l'autre aux travailleurs, c'est-à-dire, de mettre les travailleurs à
même de se procurer indirectement par l'entremise
des banques les capitaux qu'ils n'auraient pu obtenir
directement des capitalistes, nous applaudirions de
grand cœur à l'établissement de pareilles institutions : leur utilité serait incontestable et nous dési-
rerions même qu'elles remplissent leur mission d'une
manière plus large qu'elles ne le font habituel-
lement. Nous voudrions qu'à l'instar des banques
d'Écosse, elles exerçassent un pouvoir de censure
non-seulement sur la conduite industrielle et financière des chefs d'établissement, mais aussi sur celle
des travailleurs placés dans un rang inférieur, et
qu'elles distribuassent l'éloge ou le blâme en leur ac-
cordant ou en refusant les crédits dont ils ont besoin.

Mais ce n'est pas ainsi que les partisans du papier-
monétaire entendent la création des institutions de
crédit. Ils ne veulent pas que les banques limitent
leurs opérations à prêter les fonds disponibles que
les capitalistes versent dans leurs caisses ; ils préten-
dent qu'elles doivent franchir le cercle étroit de la
réalité ; qu'elles doivent créer de nouvelles valeurs
monétaires, les jeter dans la circulation, et offrir

ainsi un aliment abondant et inépuisable à l'esprit d'entreprise et à l'activité industrielle des producteurs.

C'est cette folle prétention que nous nous proposons de combattre ; et nous commencerons par exposer comment les banques ont pu créer de nouvelles valeurs monétaires, et quelles sont les conséquences de ces créations.

<hr>

DU PAPIER-MONÉTAIRE.

Le mode d'échange le plus imparfait c'est le troc. Les inconvénients qui accompagnent ce mode primitif d'échange a fait imaginer la monnaie. On a successivement choisi divers produits pour remplir les fonctions de monnaie, et l'on s'est définitivement arrêté à l'or et à l'argent. Indubitablement, ces métaux possèdent mieux que les produits employés précédemment les propriétés monétaires ; mais à mesure que les États sont devenus plus riches et les transactions plus nombreuses et plus importantes, l'or et l'argent sont devenus à leur tour moins propres à remplir les fonctions de monnaie. Dans les pays riches, où l'industrie a pris un grand développement, les payements journaliers s'élèvent à des sommes tellement considérables qu'il serait impossible de les effectuer en monnaie métallique. A Londres, le seul bureau de dépouillement (*clearing house*), où différentes maisons de banque échangent mutuellement chaque jour leurs mandats, paye ainsi dans une seule journée jusqu'à 15 millions de livres sterling (375 millions de francs); et si nous ne perdons pas de vue que la même somme a dû être payée au moins une fois dans la même journée par les porteurs des mandats, on comprendra facilement qu'il y a impossibilité matérielle d'effectuer ces payements en monnaie métallique. Jamais la Grande-Bretagne n'aurait pu s'élever au haut degré de puissance où elle est arrivée, si l'on n'avait pas fait circuler du papier-monétaire à la place des pièces d'or et d'argent.

D'après ce qui précède, il est évident que la monnaie métallique n'étant plus en rapport avec les besoins de la société, au moins dans les États riches, on aurait dû réformer le système monétaire. Mais aucun gouvernement n'ayant songé jusqu'à ce jour à opérer cette importante réforme, l'intérêt privé, plus actif et plus clairvoyant que les hommes du pouvoir, a créé une monnaie de convention beaucoup plus commode et moins coûteuse que la monnaie métallique. Les banques, profitant du crédit dont elles jouissent, ont gardé en caisse les pièces d'or et d'argent, et ont fait circuler à leur lieu et place des billets, c'est-à-dire, des promesses de livrer à présentation les monnaies dont les billets ne sont que le signe représentatif. Tout le monde a préféré les billets, qui sont plus commodes, aux monnaies métalliques; ayant d'ailleurs la certitude de pouvoir à tout instant en obtenir le remboursement.

Voilà l'origine et le motif de l'émission des billets de banque; et certainement, que si les banques se conformaient scrupuleusement au principe qui sert de base à l'émission des billets; si elles gardaient religieusement en caisse une somme en espèces égale au montant de leurs promesses, le système des billets-monnaie serait un bienfait social, et pourrait même être poussé jusqu'au point de retirer la totalité des monnaies métalliques, et de faire circuler à leur place le papier-monétaire.

Mais, dans ce système, l'abus est tellement facile, est tellement au pouvoir de celui qui en profite, qu'il a été converti en règle; et il n'y a pas une seule banque qui ne croie pas rester dans les limites de son droit, en émettant plus de papier qu'elle n'a d'écus en caisse pour le rembourser. Les plus prudentes, celles que les auteurs citent comme modèles, émettent, si elles le peuvent, trois capitaux pour un : imaginez avec quelle prodigalité agissent celles qui ne sont pas arrêtées par la crainte des événements possibles du lendemain.

Notre objet n'est pas de faire le procès aux banques, de signaler l'impôt qu'elles lèvent sur une nécessité sociale, l'indemnité qu'elles reçoivent pour le prêt de capitaux qu'elles ne possèdent pas; nous leur pardonnerions de grand cœur tous ces profits qu'elles tirent de leur position exceptionnelle, s'il était vrai, comme on le prétend, que leur papier est une rosée bienfaisante qui féconde les champs de l'industrie, est un excitant merveilleux qui décuple, centuple les forces productives du pays, est une source intarissable de capitaux où les spéculateurs de tout genre peuvent puiser sans mesure pour accomplir leurs projets, quelque vastes, quelque gigantesques que leur imagination sache les concevoir.

Ce qui est malheureusement vrai, c'est que de rien on ne fait rien. De morceaux de papier on ne fera jamais du fer, du charbon, du blé, des vêtements, ni aucune autre chose propre à alimenter l'industrie. A la vérité, l'or et l'argent ne peuvent non plus être convertis en coton, en soie et en matière de fabrication; mais leur existence dans les mains de celui qui les possède est une preuve que ces matières existent quelque part et se trouvent à sa disposition. En prêtant son argent, le capitaliste cède à un autre le droit de faire usage de choses qui existent réellement et sont à sa disposition; et il en serait de même des billets de banque si ce papier se trouvait dans les mêmes circonstances. Mais lorsque les billets sont émis abusivement, c'est-à-dire, sans que les écus dont ils sont le signe représentatif restent en dépôt pour les rembourser, on cède un droit qu'on n'a pas; on dispose de choses qui se trouvent à la disposition d'autrui.

On objecte que les banques n'émettent leurs billets que contre des promesses de remboursement et que ces promesses garantissent par conséquent le remboursement des billets.

Nous répondons que les banques pourraient faire

mieux que cela : n'émettre leurs billets que contre du blé, des étoffes ou d'autres produits, qui certainement sont des valeurs plus réelles que des promesses. Mais est-ce que cette circonstance change la nature des billets? empêche-t-elle que les banques, soit directement, soit par l'intermédiaire de ceux à qui elles prêtent leurs billets, ne reçoivent des produits gratuitement, sans donner autre chose en échange que des morceaux de papier, portant, il est vrai, une promesse de remboursement, mais une promesse mensongère, puisque l'argent pour la remplir, si tous les billets venaient au remboursement, n'existe pas dans leurs coffres? Toute la question est là : les banques reçoivent des valeurs réelles, et ne donnent en échange que des valeurs imaginaires.

Ici l'on fait remarquer que les banques n'émettent pas leurs billets contre des produits, ou pour faire des acquisitions, mais contre des promesses, pour fournir aux hommes industrieux le moyen d'alimenter leur travail ; que les billets ne sont qu'un moyen de liquidation, et que les banques ne font que faciliter le mouvement des valeurs. Voici, ajoute-t-on, comment cela a lieu. Le fabricant de drap qui n'a pas de crédit auprès de la personne qui possède les laines dont il a besoin, fait escompter sa promesse à une banque, et avec les billets qu'il reçoit achète les laines qui doivent servir à alimenter son travail ; il reçoit ensuite ces mêmes billets quand il vend son drap, et les restitue à la banque en acquit de sa promesse. Ainsi, conclut-on, les billets n'ont servi qu'à faire arriver les laines dans l'usine du fabricant, et sont ensuite retournés à la banque lorsque le fabricant a vendu son drap. Il ne serait même pas nécessaire qu'il y eût des écus dans les caisses de la banque pour rembourser les billets, puisqu'ils y retournent par suite des engagements contractés par ceux qui les reçoivent.

Nous répondrons d'abord, qu'il n'est pas exact de dire que les banques n'émettent leurs billets exclusivement que pour escompter les effets du commerce et de l'industrie, puisqu'elles prennent part dans des établissements industriels, dans des emprunts publics, et même dans des opérations agricoles. Mais en admettant cette assertion, sans sortir de l'exemple posé plus haut, nous ferons observer que la banque a disposé abusivement, au moyen de ses billets au profit du fabricant de drap, de la laine qui se trouvait à la disposition des porteurs d'écus ; ceux-ci ne pouvant plus en faire l'acquisition, puisqu'elle a été enlevée par le fabricant de drap, sont forcés de s'adresser ailleurs, et ils provoquent ainsi une hausse dans le prix de cette marchandise. C'est-à-dire, que le résultat de l'émission des billets, c'est une extension abusive de la demande; c'est l'arrivée sur le marché de concurrents qui ne possèdent rien, et qui font des achats avec des valeurs imaginaires; c'est le renchérissement factice des produits ; c'est une folle création d'entreprises industrielles sans l'existence des fonds nécessaires pour les alimenter ; c'est, en un mot une excitation fébrile des organes de la production, qui finit presque toujours par la crise, lorsque les émissions de papier dépassent certaines limites. Il y a loin de ces résultats à ce que l'on veut bien appeler simple liquidation d'affaires, salutaire intervention entre les producteurs et les possesseurs des instruments de la production : pour que cela fût vrai, il faudrait qu'au lieu de valeurs fictives la banque prêtât des capitaux réels, ou du papier qui représente des écus en caisse.

Du reste, nous allons examiner d'un point de vue plus général cette question sur les conséquences de l'émission du papier-monétaire : nous tâcherons de les déterminer, d'abord à l'égard du papier-monétaire portant promesse de remboursement, et ensuite à l'égard du papier-monétaire non-remboursable, appelé papier-monnaie ; et nous verrons que dans l'un et dans l'autre cas, l'émission exagérée de papier amène toujours les mêmes résultats et les mêmes calamités.

———◆———

CONSÉQUENCES DE L'ÉMISSION DE PAPIER-MONÉTAIRE REMBOURSABLE EN ÉCUS.

Nous avons démontré plus haut que la valeur de la monnaie procède des mêmes causes qui déterminent la valeur des autres produits, et nous avons ajouté que ces causes agissant d'une manière assez constante à l'égard de l'or et de l'argent, la valeur de ces métaux était assez fixe pour pouvoir servir convenablement de mesure des valeurs.

Maintenant il est important d'observer que l'or et l'argent ont, comme matière de fabrication, une utilité différente de celle qu'ils possèdent comme monnaie : aussi leur valeur métallique est autre que leur valeur monétaire ; c'est-à-dire que la valeur de la pièce monnayée est sujette à d'autres causes de variation que la valeur du métal dont elle est formée. Nous aurons occasion dans la deuxième partie de cet écrit, où nous proposons la réforme du système monétaire, de développer amplement cette vérité. Maintenant nous nous bornerons à faire observer que ces deux valeurs quoique distinctes, quoique susceptibles d'être l'une plus ou moins élevée que l'autre, tendent néanmoins continuellement à se confondre, par la raison qu'aussitôt que la valeur de l'or et de l'argent monnayés s'élève au-dessus de la valeur du métal, l'intérêt des négociants de métaux précieux les détermine à porter les lingots à l'hôtel des monnaies pour les convertir en pièces monnayées ; et par contre ils fondent les monnaies et les convertissent en lingots aussitôt que la valeur des monnaies baisse. Par ce moyen les deux valeurs de l'or et de l'argent, savoir, la monétaire et la métallique, se maintiennent au même niveau, et y sont ramenées aussitôt qu'une cause quelconque vient à les séparer.

C'est cette facilité de diminuer la masse des monnaies quand leur valeur baisse relativement à la valeur du métal, et de l'augmenter quand elle s'élève, et de pouvoir ainsi maintenir l'équilibre entre la valeur monétaire et la valeur métallique des pièces, qui a fait croire que la première valeur n'était que le reflet de la seconde, ou pour mieux dire que ces deux valeurs n'étaient qu'une seule et même valeur.

Cela posé, voyons quels sont les effets de l'émission du papier-monétaire remboursable en écus.

Si l'émission du papier-monétaire avait lieu pour une somme égale au montant de la monnaie métallique gardée en caisse pour le rembourser, il est indubitable que l'émission du papier-monétaire n'exercerait aucune influence sur la valeur du numéraire en circulation, et rendrait néanmoins un service éminent aux échanges. Le papier, en effet, circulant à la place des pièces gardées en caisse, n'augmenterait pas la masse du numéraire existant, et ne pourrait, par conséquent, en altérer la valeur ; et d'un autre côté, comme il remplacerait une monnaie moins parfaite, et faciliterait les nombreuses et importantes transactions, qui, sans son intervention, ne pourraient s'effectuer sur une échelle très-étendue, son émission serait un véritable bienfait social.

Mais l'émission du papier-monétaire ayant lieu à découvert, c'est-à-dire, sans qu'il y ait en caisse assez de monnaie métallique pour le rembourser, dans ce cas il y a augmentation dans la masse du numéraire en circulation, attendu que les billets remplissant exactement les mêmes fonctions que les pièces métalliques, la valeur monétaire baisse nécessairement, et une partie de la monnaie métallique, qui vaut plus comme métal que comme monnaie, se retire de la circulation et va à l'étranger.

Supposons qu'il y ait dans le pays 200 millions de francs de monnaie, c'est-à-dire, une somme suffisante pour maintenir la valeur des pièces au niveau de leur valeur métallique : si l'on jette dans la circulation 50 millions de billets de banque à découvert, sans garder en caisse une égale somme en monnaie métallique, on augmentera d'un quart la masse des monnaies. Dès lors la valeur monétaire des pièces baissera au-dessous de la valeur métallique, et il y aura bénéfice à fondre et à exporter la monnaie de métal, jusqu'à ce que la quantité circulante soit réduite à 150 millions. Alors les 150 millions de monnaie métallique formant avec les 50 millions de billets la somme de 200 millions, à laquelle doit s'élever le numéraire en circulation, pour maintenir la valeur monétaire au niveau de la valeur métallique, l'équilibre entre ces deux valeurs se rétablit, et la fusion ou l'exportation des pièces cessent, n'offrant plus aucun bénéfice.

L'exportation des 50 millions d'or et d'argent donne lieu, il est vrai, à l'importation d'une valeur égale en d'autres produits; mais ce n'est pas le pays, ce sont les banques qui en profitent. Quant au pays considéré séparément des banques, il ne fait qu'échanger 50 millions d'or et d'argent contre 50 millions de papier. Et certainement, si c'eût été le pays qui eût émis par l'organe du gouvernement les

50 millions de papier-monétaire, ce serait le pays qui aurait bénéficié des 50 millions de produits étrangers importés en retour des 50 millions d'or et d'argent exportés. Mais jusqu'à ce jour, tous les gouvernements, aucun excepté, ont mieux aimé maintenir le système imparfait de la monnaie métallique, et laisser aux banques le soin d'en corriger l'imperfection, plutôt que d'adopter une monnaie plus appropriée au service des échanges. En agissant ainsi, non-seulement ils ont abandonné aux banques les bénéfices qui résultent de la substitution des billets aux monnaies métalliques ; mais, ce qui est bien autrement grave, ils ont placé le pays aux bords d'un abîme, ainsi que nous allons bientôt le démontrer.

Voilà le premier résultat d'une émission de billets de banque à découvert, en supposant, il est bien entendu, que la quantité émise ne soit pas considérable, et qu'aucun événement ne vienne alarmer les porteurs de billets et les pousser vers les banques pour en réclamer le remboursement.

Supposons, maintenant, que dans l'exemple ci-dessus, au lieu de s'arrêter à une émission de 50 millions, on continue à jeter dans la circulation de nouveau papier : dans ce cas, la monnaie métallique étant exportée dans la même proportion, la masse de papier excédera tellement la masse des espèces que, sans le concours d'aucun événement imprévu, il arrivera que les hommes les plus réfléchis, sentant que les billets ne sont pas couverts par les écus, s'empresseront de les réaliser. Leur exemple sera suivi par d'autres, et ainsi de proche en proche, jusqu'à ce que le cri d'alarme fasse courir aux banques tous les porteurs de billets pour en demander le remboursement. Voilà le moment fatal : on paie aussi longtemps qu'on conserve l'espoir de voir les esprits se rassurer et la confiance revenir, et on finit par déclarer l'impuissance de payer. Dès ce moment commence la crise, c'est-à-dire, la banqueroute universelle. Tout le monde veut être payé en écus, et personne n'a d'écus à donner, la monnaie métallique étant en grande partie hors du pays. Tous les travaux sont suspendus, la confiance disparaît, et cet état de stupeur et de paralysie durera plus ou moins de temps, selon que la masse des billets annulés par la banqueroute est plus ou moins grande, et qu'il faudra un intervalle plus ou moins long pour faire rentrer dans le pays les valeurs métalliques, en exportant une quantité correspondante de produits.

Ici se présente une réflexion importante. Puisque l'économie du pays était dans son état normal avant que la panique eût fait courir sur les banques les porteurs de billets pour en demander le remboursement ; puisque la crise provient de l'absence de monnaie métallique pour opérer les remboursements ; et puisque la nécessité de réintégrer cette monnaie au moyen d'exportations de produits, dont le pays doit se priver, rend la crise encore plus désastreuse, ne serait-il pas plus simple d'autoriser les banques à ne pas rembourser leurs billets ? Les affaires resteraient alors dans l'état où elles se trouvaient avant la faillite des banques, et la richesse et l'industrie du pays ne recevraient aucune atteinte.

Cette observation est fondée. C'est ainsi qu'a agi le parlement anglais en 1797, quand il a autorisé la banque de Londres à ne pas rembourser ses billets.

Mais cette mesure ne peut produire l'effet qu'on en attend que pour autant que les banques cessent de faire de nouvelles émissions, et que les billets déjà émis soient reconnus comme monnaie légale du pays.

Or, comment prétendre que les banques, dont les émissions ne sont soumises à aucun contrôle, résistent aux suggestions de leur intérêt et s'abstiennent d'émettre de nouveaux billets? Et d'un autre côté, avec quelle justice le gouvernement ferait-il don aux banques du montant total de la valeur exprimée par leurs billets, en leur attribuant le caractère légal de monnaie? Ce don ne serait-il pas fait au préjudice du pays? Le pays, en substituant lui-même le papier à la monnaie métallique, ne profiterait-il pas de toute la masse d'or et d'argent que leur substitution aurait rendue disponible?

Ainsi, dans le système des billets remboursables à présentation, la crise est inévitable, si l'usage des billets est assez généralement répandu pour permettre aux banques d'en faire des émissions exagérées, et de provoquer l'exportation d'une grande masse de monnaie métallique.

Nous allons démontrer maintenant que, lors même que les banques seraient dispensées de remplir l'obligation de rembourser leurs billets, ou si le gouvernement faisait lui-même des émissions de papier non remboursable, la crise n'en serait pas moins une conséquence nécessaire des émissions qui dépasseraient certaines limites.

<hr>

CONSÉQUENCES DE L'ÉMISSION DE PAPIER-MONÉTAIRE NON REMBOURSABLE, C'EST-A-DIRE, DE PAPIER-MONNAIE.

Nous avons remarqué plus haut, que la monnaie a une propriété qu'aucun produit ne partage avec elle, savoir, de pouvoir satisfaire les mêmes besoins, soit qu'on en diminue, soit qu'on en augmente la quantité. Ainsi, qu'on destine aux transactions 200 ou 400 millions d'unités monétaires, l'une ou l'autre quantité rendra exactement le même service; seulement, dans la première supposition il faudra céder dix unités monétaires pour acheter le même produit, qui en coûterait vingt dans la seconde supposition.

Mais on aurait tort de conclure de cette vérité qu'il soit indifférent d'augmenter ou de diminuer la masse des monnaies, une fois qu'une quantité quelconque aura été affectée aux besoins des transactions. Il faut au contraire tâcher de la maintenir toujours au même point, et ne pas altérer la valeur des pièces, pour ne pas troubler les calculs et les prévisions de l'industrie, et pour ne pas porter préjudice à ceux qui reçoivent, ou à ceux qui doivent payer.

Dans le système monétaire actuel, le nombre des unités monétaires contenues dans les pièces monnayées mises dans la circulation, n'est pas arbitraire; il est déterminé, ainsi que nous l'avons déjà observé, par la nécessité d'en frapper assez pour que la valeur des pièces soit égale à la valeur du métal qu'elles contiennent; et cela a toujours lieu par la facilité et par l'avantage qu'y trouve le commerce de convertir les lingots en monnaies, lorsque la valeur de la monnaie s'élève, et de convertir les monnaies en lingots lorsqu'elle s'abaisse.

Supposons, maintenant, qu'il faille dans un pays frapper, en pièces de différentes valeurs, 200 millions d'unités monétaires, pour établir l'équilibre entre leur valeur monétaire et leur valeur métallique; et supposons que l'unité monétaire que nous appellerons franc, soit formée d'un morceau d'argent pesant 5 grammes, au titre de $\frac{9}{10}$ de fin; toutes les transactions et toutes les entreprises seront calculées sur cette base, savoir, que le franc est l'équivalent de 5 grammes d'argent au titre de $\frac{9}{10}$ de fin.

Dans cette supposition, si l'on ajoute aux 200 millions de francs, qui font le service monétaire, encore 100 millions de billets non remboursables, la valeur monétaire baissera nécessairement : un franc vaudra moins que 5 grammes d'argent; et dès ce moment on commencera à retirer de la circulation, ainsi que nous l'avons déjà remarqué, les monnaies métalliques qui valent plus comme métal que comme monnaie, et l'on en retirera jusqu'à concurrence de

100 millions de francs, somme égale au montant des billets, pour rétablir l'équilibre entre les deux valeurs, la monétaire et la métallique.

Si, au lieu de 100 millions, on émet 200 millions de billets, et que les billets, quoique non remboursables, soient généralement acceptés comme bonne monnaie, il est évident que toute la masse de monnaie métallique existante disparaîtra de la circulation. Dans cette supposition, malgré l'émission de 200 millions de billets, l'unité monétaire, après avoir, il est vrai, subi une notable dépréciation, reprendra, lorsque toute la monnaie métallique sera sortie du pays, sa valeur antérieure ; c'est-à-dire, qu'elle vaudra, quoique sous la forme de papier, autant que le métal contenu dans les pièces métalliques que le papier est censé représenter.

Mais si les émissions de billets continuent, et atteignent, supposons, la somme de 400 millions, alors, comme tous les 400 millions resteront dans le pays, la monnaie métallique étant déjà entièrement sortie de la circulation, il arrivera nécessairement que l'unité monétaire, le franc, au lieu de valoir 5 grammes d'argent, n'en vaudra que deux et demi.

Et en continuant ainsi à faire de nouvelles émissions, la valeur monétaire se dépréciera de plus en plus, et le moment arrivera où le papier n'aura aucune valeur, et ne pourra plus, par conséquent, remplir les fonctions de monnaie.

Dès lors, le pays se trouvant tout à coup privé de numéraire, l'échange des produits cesse à l'instant, et les fonctions de la vie industrielle restent nécessairement paralysées.

Voilà la crise dans toute sa laideur, parce qu'elle affecte la totalité des citoyens ; parce qu'elle annule comme par enchantement une grande masse de valeurs ; parce qu'elle brise d'un seul coup l'instrument des transactions ; parce qu'elle appauvrit le pays de tous les produits qu'il faudra exporter pour y ramener la monnaie métallique ; parce qu'elle oblige l'industrie à abandonner un grand nombre de travaux et d'entreprises commencées sur des plans trop vastes relativement aux véritables ressources du pays ; parce qu'il faudra du temps et de grands sacrifices pour replacer les choses sur le terrain de la réalité, d'où elles sortiront encore une fois si on n'éloigne pas les causes qui amènent ces déplorables résultats.

Nous allons maintenant démontrer la même vérité en nous plaçant à un autre point de vue, et nous aurons ainsi une espèce de contre-épreuve, qui ne laissera, espérons-nous, aucun doute sur la réalité de la doctrine que nous venons d'exposer.

DERNIER ARGUMENT SUR LA CAUSE DES CRISES.

La richesse d'un pays consiste dans la somme des choses utiles qu'il possède. Ces choses utiles, excepté celles qui n'ont pas de valeur, sont des quantités déterminées ; et nous les avons, pour la clarté du raisonnement, classées en choses utiles que les possesseurs destinent à la satisfaction de leurs besoins, et en choses utiles qu'ils s'abstiennent d'employer à cet usage : ces dernières, nous les avons appelées capitaux.

Les capitaux sont généralement employés à créer des produits nouveaux. Il est rare que dans les pays où l'industrie a pris quelque développement, où les lois protégent efficacement les propriétés, les capitaux restent inactifs, par la raison que les possesseurs en retirent un bénéfice en les destinant à la production. Il y a, il est vrai, une certaine quantité de capitaux qui se trouvent disséminés en petites fractions, et qui pour ce motif restent sans emploi; mais les caisses d'épargne, les banques d'accumulation, et d'autres institutions de crédit, réunissent et prêtent aux producteurs ces fractions de capitaux, de manière qu'il n'en reste qu'une portion infiniment petite qui ne participe pas à l'œuvre de la production.

Ainsi, dans un pays où les affaires industrielles sont établies en rapport avec sa richesse et ses besoins, les capitaux se trouvent tous répartis entre les différentes industries qui doivent satisfaire ces besoins; et on ne peut autrement créer une industrie nouvelle qu'en déplaçant les capitaux affectés à une industrie ancienne, ou bien au moyen d'une production plus intelligente et plus féconde, qui permet de capitaliser de nouvelles fractions de revenu, et d'accroître ainsi la masse des capitaux.

Les choses étant ainsi, supposons pour un instant, qu'au moyen d'un talisman, un individu puisse se faire livrer tous les produits qui lui sont nécessaires pour créer de vastes entreprises, pour exécuter des plans gigantesques. Il est évident que, ne pouvant employer à l'accomplissement de ses projets que les capitaux existants, il devra les enlever peu à peu aux industries en activité ; et il arrivera nécessairement le moment où il y aura insuffisance de capitaux pour achever les nouvelles entreprises, et pour continuer les opérations des industries antérieures. Dès lors tous les travaux cesseront à la fois, et l'on sera obligé, après avoir reconnu quelle est la somme effective des capitaux existants, de les distribuer avec sagesse et prudence entre les industries les plus utiles, de manière que chacune en eût suffisamment pour alimenter son travail.

C'est là l'histoire du papier-monétaire et des crises. Le papier-monétaire est le talisman qui donne à celui qui le reçoit le pouvoir de s'emparer des produits existants ; et lorsqu'on en émet avec prodigalité, il sert à détourner des industries en activité les capitaux réels qui les alimentent, pour entreprendre, dans l'espoir que la source des capitaux ne s'épuisera jamais, des travaux hors de toute proportion avec les ressources réelles du pays.

Et pour rendre notre conclusion plus évidente ; imaginons que tous les capitaux et tout le travail d'un pays soient destinés à une industrie unique ; celle, par exemple, des constructions. Et supposons en outre que tout soit disposé pour bâtir 1000 maisons chaque année; c'est-à-dire qu'il y ait assez de maçons, de menuisiers, de serruriers, etc., pour exécuter tous les travaux nécessaires à l'achèvement de ces ouvrages; et qu'il y ait assez de subsistances pour nourrir et entretenir tout ce monde, et assez de terrain et de matériaux pour élever les 1,000 maisons, qui doivent être le produit annuel de l'industrie du pays.

Maintenant, si, au moyen de papier-monétaire, on vienne détacher de ces constructions la moitié des hommes et des choses destinés à leur achèvement, pour les employer à jeter les fondements d'un grand édifice dont la construction exige dix fois autant de travailleurs et de matériaux qu'il y en a dans le pays, il en résultera que ni les 1,000 maisons, ni le grand édifice, ne pourront être achevés. Et quand on en sera réduit à restreindre les travaux, ce seront ceux du grand édifice qu'on fera cesser; toutes les dépenses faites jusqu'à ce jour seront entièrement perdues, et tous les bras et tous les capitaux seront de nouveau employés exclusivement à terminer les 1,000 maisons, dont la construction est en rapport avec les besoins et les ressources réelles du pays.

On objectera peut-être que la monnaie métallique est aussi un talisman qui fait passer les produits dans les mains de ceux qui le possèdent; mais il est facile de voir que l'analogie n'existe pas.

Celui qui cède de la monnaie métallique pour acquérir des produits, a dû commencer par céder ses propres produits pour se procurer la monnaie. Le possesseur de blé, par exemple, qui vend son blé pour acheter des draps avec la monnaie qu'il en retire, échange en définitive son blé contre des draps, la monnaie n'ayant servi que d'intermédiaire. Au contraire, la banque, qui crée des billets à découvert, ne donne rien pour les choses qu'elle, ou bien les personnes à qui elle prête ses billets, reçoivent en échange.

Ainsi, nous pouvons conclure que la cause, et la cause unique des crises, est l'émission exagérée de papier-monétaire, attendu que l'exagération des émissions provoque l'exagération des entreprises, et l'exagération des entreprises amène nécessairement la crise.

On demandera sans doute : peut-on empêcher les crises? ou, en d'autres termes : peut-on empêcher l'émission exagérée de papier-monétaire?

Nous répondons affirmativement; mais notre pensée n'est pas de défendre aux banques d'émettre du papier : une pareille défense serait une injustice. Les banques ne forcent personne à prendre leur papier ; c'est la confiance qui le fait accepter ; et la confiance est hors du pouvoir du législateur. Ce que le législateur doit faire, c'est de détruire le motif qui fait préférer le papier des banques aux monnaies. Ce motif est l'imperfection de la monnaie actuelle ; c'est donc le système monétaire qu'il faut réformer ; c'est la monnaie métallique qu'il faut remplacer par une

monnaie plus en rapport avec l'immense développement qu'ont pris dans les pays industrieux les
transactions pécuniaires.

La possibilité d'une telle réforme sera l'objet de la
deuxième partie de ce travail.

POST-SCRIPTUM.

Les lignes qui précèdent étaient déjà écrites lorsque la banque belgique a suspendu ses payements.

Cet événement ne confirme ni ne détruit notre
théorie. La banque belgique ne succombe pas sous
le poids de son papier. La moyenne de ses émissions
était au-dessous de 3 millions de francs; ce n'est
donc pas l'excès de papier qui a causé la catastrophe.

Le mal était ailleurs; principalement dans l'insuffisance de son capital. Avec 20 millions de francs
une banque ne peut entreprendre d'autres opérations que l'escompte du papier de commerce, et
faire avec beaucoup de réserve des avances sur dépôt
de valeurs réalisables à tout instant.

Quant à l'escompte, la chute de la banque belgique est une véritable calamité. Elle avait compris
l'étendue de sa mission providentielle, et ouvrait
libéralement ses caisses au moyen et au petit commerce, c'est-à-dire, à cette classe nombreuse et in-
téressante de négociants, riches de probité, de

persévérance et de connaissances pratiques sur la gestion des affaires, mais pauvres de capitaux.

La banque belgique ne s'est pas renfermée dans le cercle étroit des escomptes; elle a cru pouvoir patroniser l'industrie. Un pareil patronage est certainement une noble fonction, mais il ne peut aller qu'à une grande et puissante institution de crédit : or la banque belgique n'avait de grand que les intentions, et il lui manquait la puissance pour les réaliser.

Plusieurs sociétés formées à la suite de l'impulsion donnée à l'industrie par la société générale ont trouvé un appui et des capitaux dans la banque belgique; mais ces capitaux, qu'elle immobilisait dans des entreprises industrielles, avaient été versés dans ses caisses à la condition de pouvoir être repris à tout instant. Les possesseurs, voyant la banque engagée avec les sociétés industrielles au delà de ce que son chétif capital comportait, lui ont retiré leur confiance, et ont demandé la restitution de leurs fonds.

Voilà la cause du désastre, et non pas la trop grande émission de papier. En effet, la veille même de la suspension, les billets de la banque belgique étaient généralement donnés et reçus en paiement, sans défiance aucune, et jamais il n'y a eu encombrement dans ses bureaux pour en demander la réalisation.

Le malaise qui a suivi la suspension de la banque belgique ne peut donc pas être assimilé à cette grande calamité appelée crise. Certainement, plusieurs existences industrielles et financières ont été compromises ; mais l'industrie est restée debout. La véritable crise, au contraire, affecte tout le pays. C'est l'annulation instantanée et complète du numéraire ; c'est la vie industrielle et commerciale qui est frappée de paralysie ; c'est la suppression forcée de tous les travaux industriels, de toutes les transactions pécuniaires. Voilà un véritable désordre social ; voilà la crise.

Il faut convenir cependant que le malaise dont nous parlons a atteint un tel degré d'intensité et de gravité, par suite du concours de circonstances extraordinaires et imprévues, qu'il mérite d'être étudié avec attention, pour nous assurer s'il n'offrirait pas la preuve qu'indépendamment des émissions exagérées de papier, il n'y eût pas d'autres causes qui amènent les crises.

Pour arriver à cette conséquence, il faudrait que ces causes fussent permanentes, et qu'elles existassent par le fait même du développement de l'action industrielle du pays ; car un malaise financier, quelque grave qu'il soit, s'il est produit par des causes fortuites, passagères, extraordinaires, ne peut entrer dans le cadre de nos recherches, qui ont pour point de départ l'état normal de la société.

Or la chute de la banque belgique est un événement tout à fait excentrique. Les institutions de crédit ne tombent que par l'exagération des émissions de papier, et il n'y a pas d'exemple, que nous

4·

sachions, qu'elles tombent autrement; à moins qu'on leur enlève par la violence les capitaux qu'elles ont en caisse, comme il est arrivé aux banques de Naples, lorsque la reine Caroline, voulant à tout prix combattre la révolution française, s'empara par la force des fonds que les particuliers y avaient déposés.

La banque belgique est tombée par la témérité de ses opérations. Une banque peut pécher par excès de prudence, mais jamais par excès d'audace sans compromettre son existence. Recevoir des capitaux mobiles pour les immobiliser dans des entreprises industrielles est une faute grave, et c'est cette faute qui a fait crouler l'établissement.

Le plus grand désastre que cet événement a produit n'est pas le froissement des intérêts qui se rattachaient à la banque. Ces intérêts étaient en petit nombre, comparativement à la grande masse des intérêts industriels et commerciaux du pays; et d'ailleurs ils ont, en grande partie, peu ou point souffert, à l'exception de ceux de quelques établissements industriels, qui ne vivaient que des secours périodiques de la banque, et de ceux des actionnaires qui ont acheté leurs pièces à des prix exagérés.

La véritable, la grande calamité, occasionnée par la chute de la banque belgique, a été l'épouvante qu'elle a jetée dans les esprits. A qui peut-on confier sa fortune, disaient les capitalistes, si une banque, qui ne devait opérer que sur des garanties réelles, solides, réalisables, qui était surveillée par les délé-

gués des actionnaires et par les délégués du gouvernement, qui était considérée comme une banque nationale, a compromis les fonds qui avaient cherché
un asile dans ses caisses, les a engagés dans les entreprises chanceuses de l'industrie? Ces plaintes ont
eu un grand retentissement à cause de la situation
politique du pays, qui, sans la chute de la banque
belgique, n'aurait produit qu'une légère tension
dans les escomptes et dans les affaires en général,
mais qui, par suite de cet événement, est devenue
une cause puissante de découragement et de mé-
fiance.

Dès lors chacun s'est empressé de retirer ses capitaux des canaux de la production, et en un instant
l'industrie s'est vue privée en grande partie de son
principal aliment.

Cet empressement a été si vif, si général qu'il a
failli compromettre l'existence de la société générale, malgré son immense capital et le talent bien
connu des hommes préposés à son gouvernement.
Tout le monde, et au même instant, lui a demandé
le remboursement de ses capitaux, non en papier,
mais en monnaie métallique; et certainement aucun
événement n'aurait pu mieux prouver la puissance
et la solidité de cette grande institution financière,
que la pleine, prompte et loyale satisfaction donnée aux capitalistes dans cette déplorable circonstance.

Imaginez, maintenant, la situation du pays après
ce désarroi. Les producteurs, qui ne travaillaient en

grande partie qu'avec les fonds empruntés aux capitalistes, se voyant tout à coup enlever les instruments de leur travail, l'aliment de leur industrie, ont été obligés à diminuer, et même à suspendre entièrement leurs travaux. Le commerce a trouvé tous les coffres fermés, et les banquiers eux-mêmes, ne pouvant plus compter sur l'appui de la société générale, ont gardé leurs fonds en caisse pour faire face aux remboursements des effets qui leur revenaient en protêt. Il faut convenir que cette situation paraît assez semblable à celle amenée par la dépréciation du papier-monétaire.

Néanmoins la différence est immense. La crise causée par la dépréciation du papier-monétaire annule, comme nous l'avons déjà observé, le numéraire existant, glace, pour ainsi dire, le sang qui circule dans les organes de la production, détruit une grande masse de capitaux, inutilise un grand nombre de travaux et d'entreprises, renverse toutes ou presque toutes les existences financières, industrielles et commerciales du pays, et occasionne la banqueroute universelle. Après un si grand désordre dans l'économie du pays, il lui faut un long espace de temps, et il doit se résigner à de très-grands sacrifices, pour ramener le numéraire métallique, pour ranimer la confiance, pour relever et restaurer ses forces productives épuisées et presque éteintes.

Au contraire, le malaise occasionné par la chute de la banque belgique et aggravé par les circonstances politiques du pays, a laissé intacte la masse du numéraire existant, quoique une partie se soit retirée de la circulation. Quant à celle qui était en papier, et qui a été présentée au remboursement, ayant été remplacée par le numéraire métallique, qui existait dans les caves de la société générale, ou qu'elle a importé de l'étranger, elle n'a pas laissé de vide. La masse des capitaux enlevés à la production a été considérable, assurément; mais pas assez pour arrêter tous les travaux, ni pour amener la banqueroute générale. Il n'y a eu qu'un petit nombre de maisons qui ont suspendu leurs paiements, et encore quelques-unes les reprendront bientôt. D'ailleurs les capitaux enlevés à la production n'ont pas cessé d'exister; ils sont dans le pays, mais ils sont enfouis. Or ce retrait ne peut être que passager, attendu que les possesseurs ont un grand intérêt à les faire fructifier; et le motif qui les a déterminés à les garder improductifs dans leurs coffres ne peut pas avoir une longue durée. Ainsi, le jour où la peur cessera de tourmenter les esprits, les capitaux qui existent, et qui se tiennent cachés, retourneront dans les canaux de la production, et l'industrie reprendra toute son activité et sa fécondité antérieure.

On a dit que le malaise financier dont nous nous occupons a été occasionné pour l'excès d'entreprises industrielles, par l'abus du principe d'association.

Ici encore se relève la grande différence qui sépare les crises véritables du malaise qui afflige la Belgique. Dans le pays où il y a excès d'émission de papier, là nécessairement il y a excès d'entreprises et abus du principe d'association. De grandes masses de papier-monétaire dont la source est inépuisable, étant offertes comme capitaux effectifs, et tout le monde pouvant par conséquent se procurer facilement les fonds nécessaires, en papier bien entendu, pour créer les plus gigantesques entreprises, les plus colossales associations, le jour arrive où l'on s'aperçoit que le numéraire de papier n'est que du papier, et alors tous les châteaux de cartes, qu'on a péniblement élevés, s'écroulent, et il ne reste sur le sol que des débris et des ruines.

En Belgique, il n'y a, jusqu'à ce jour, qu'une très-petite fraction de numéraire circulant qui soit en papier; tout le reste est en monnaie métallique. Dès lors, quelle que soit la vogue des associations, leur nombre et leur importance ne pourront jamais dépasser certaines limites. Il peut y en avoir de mal conçues, de mal assises, y en avoir qui tôt ou tard devront se dissoudre avec perte; mais le plus grand nombre restera, et l'économie générale du pays ne sera pas affectée par celles qui tomberont. D'ailleurs leur chute ne sera pas un mal sans compensation; elle servira d'avis aux capitalistes pour examiner avec plus d'attention les affaires auxquelles on leur propose de s'associer. Par ces salutaires avertissements, l'esprit d'association, ce germe fécond de bien, que la Providence a déposé dans le cœur de l'homme, s'éclairera, s'épurera, se développera dans les bornes du vrai, du possible, de la réalité. Alors l'esprit d'association deviendra une véritable puissance sociale, et acquerra des proportions assez fortes pour ne pouvoir plus être saisies par les mains audacieuses et adroites de l'intrigue et de l'agiotage : alors cesseront les alarmes et les préventions contre les associations, et ce puissant levier de la civilisation, trouvant un point d'appui dans la loyauté de ceux qui le font mouvoir, renversera tous les obstacles qui s'opposent à la marche rapide du bonheur et de la prospérité des nations.

En Belgique, la crise, la véritable crise est impossible, aussi longtemps que le pays n'absorbe pas assez de papier-monétaire pour chasser de la circulation la plus grande partie de la monnaie métallique. Cette substitution, dans une proportion considérable, du papier au métal ne pourra arriver qu'à l'époque où les affaires du pays auront pris une telle extension, que tous les paiements quotidiens ne pourront plus s'effectuer en monnaie métallique. Et nous espérons qu'avant cette époque, le pays, éclairé par le progrès des doctrines économiques, aura déjà perfectionné son système monétaire, et aura remplacé la monnaie de métal par une monnaie plus commode et moins coûteuse, qui rendra inutile l'emploi du papier-monétaire des banques, et qui éloignera par conséquent de cette riche et belle contrée la seule et la véritable cause de ces grandes calamités économiques qu'on appelle crises.

SECONDE PARTIE.

DE LA RÉFORME DU SYSTÈME MONÉTAIRE.

Le sujet des monnaies se rattache aux doctrines les plus abstraites de la science économique ; et, comme ces doctrines sont loin d'avoir obtenu l'assentiment général, on ne doit pas s'étonner que la théorie des monnaies flotte encore au milieu des opinions divergentes des écrivains.

La cause principale de la division des opinions sur les monnaies est, à notre avis, la confusion de deux choses bien distinctes, savoir, la valeur monétaire que la matière employée comme monnaie acquiert par suite de cette destination, et la valeur qu'elle possède indépendamment de son utilité monétaire.

Lorsqu'on a destiné des coquillages, des graines de cacao, et plus tard l'or et l'argent à servir de monnaie, on a cru que ces choses n'étaient acceptées dans les échanges que pour la valeur qu'elles possédaient comme coquillages, comme graines de cacao, comme métaux précieux, et que la nouvelle utilité qu'elles acquéraient, savoir, celle de servir d'instrument des échanges et de mesure des valeurs, ne leur conférait aucune valeur nouvelle.

La conséquence la plus importante de cette doctrine a été, qu'on ne peut employer, pour faire le service des échanges, que les choses qui ont par elles-mêmes de la valeur. L'or et l'argent, dans ce système, ont pu recevoir cette destination, parce que l'or et l'argent avaient de la valeur comme métal avant d'être employés comme monnaie.

Une fois ce principe admis, il est facile à expliquer pourquoi aucun gouvernement n'a jamais songé à réformer le système monétaire métallique. S'il était vrai que la monnaie ne pût être confectionnée que d'une matière qui ait de la valeur, et que c'est cette valeur qui la rend apte à servir d'intermédiaire des échanges, assurément, aucune substance ayant de la valeur n'est plus que l'or et l'argent propre à être employée à cet usage.

Cependant les progrès de l'industrie, la multiplicité et l'importance des transactions auxquelles donne lieu le développement de la richesse publique, nous avertissent chaque jour que la monnaie métallique ne remplit pas suffisamment sa mission d'intermédiaire des échanges. Dans les pays riches, le montant des paiements quotidiens est tellement élevé, qu'il y a impossibilité matérielle à les effectuer tous en monnaie métallique. Sir Henri Thornton évalue de 4 à 5 millions de livres sterling (100 à 125 millions de francs) la moyenne des paiements qui chaque jour s'opèrent dans la ville de Londres. Comment compter à plusieurs reprises, transporter et faire passer dans différentes mains une si forte somme en pièces d'un schelling, et même en souverains d'or de 20 schellings chacun? Il est indubitable que la Grande-Bretagne n'aurait jamais pu s'élever au haut degré de prospérité qu'elle a atteint, si tous les paiements eussent dû être effectués en monnaies métalliques.

L'introduction du papier-monétaire, que les Anglais appellent papier de crédit, a été une nécessité. Sans le secours de ce papier, qui fait circuler les valeurs avec plus de rapidité et en plus grandes masses que la monnaie métallique, l'industrie [1] anglaise serait restée stationnaire, malgré l'esprit progressif et la prodigieuse activité qui distinguent le peuple britannique.

Ce besoin d'un meilleur instrument de la circulation est tellement puissant, que personne n'a osé proposer l'abolition du papier-monétaire, malgré les crises et les calamités sociales qui en sont la suite.

Il nous paraît donc que ce n'est pas un travail sans importance, que de rechercher s'il est possible d'opérer une réforme radicale dans le système monétaire, et de substituer à la monnaie métallique une autre monnaie plus en rapport avec les besoins actuels de la société.

DE LA NOUVELLE MONNAIE.

Lorsqu'un négociant porte à une banque des effets à escompter, celle-ci lui offre à son choix de la mon

[1] Nous rappelons que sous le mot *industrie* nous désignons toutes les productions du pays, soit agricoles, soit manufacturières, soit commerciales, ou de toute autre nature.

naie d'or et d'argent et des billets portant promesse de remboursement à vue et en espèces : le négociant prend les billets et laisse les écus ; c'est-à-dire, qu'il préfère la promesse à la chose promise.

Pourquoi donne-t-il la préférence à la promesse, qui, quelque grande que soit la solvabilité de la banque, est incontestablement une valeur moins certaine que la monnaie elle-même? C'est qu'il lui est plus facile et plus commode de compter et de mettre dans son portefeuille 100,000 francs en billets de banque, que de compter et transporter 100,000 francs en pièces d'or ou d'argent.

Il y a donc un moyen bien simple pour éviter cette préférence, pour empêcher que de simples particuliers, au moyen de promesses, souvent illusoires, ne viennent battre monnaie en concurrence avec le gouvernement, avec plus de succès que lui, et en exposant le pays aux désordres et aux calamités des crises.

Ce moyen est de substituer à la monnaie métallique la monnaie de papier, aussi commode et offrant les mêmes avantages que le papier monétaire des banques.

Il est certain que si la monnaie légale était de papier, il n'y aurait plus de motif pour préférer le papier de la banque à la monnaie : ce ne serait qu'un échange de papier ; et certainement celui du gouvernement, qui est la monnaie elle-même, aurait un avantage sur le papier de la banque, qui n'est que la promesse de payer cette même monnaie.

Toute la question est donc de savoir si cette substitution de la monnaie de papier à la monnaie de métal est possible, et si elle n'entraîne pas plus d'inconvénients qu'elle n'offre d'avantages.

Pour résoudre méthodiquement ce problème, nous posons d'abord, et nous tâcherons de résoudre la question préliminaire suivante, savoir :

Peut-on confectionner la monnaie avec une matière qui n'a aucune valeur ? Et, en d'autres termes; la valeur de la monnaie est-elle distincte de la valeur de la matière dont elle est formée?

DE LA VALEUR MONÉTAIRE.

Nous avons déjà exposé dans la première partie quelques idées sur la valeur; mais il est indispensable d'en parler plus longuement aujourd'hui que nous traitons la question monétaire, qui se lie très-étroitement avec ce sujet.

La valeur est cette propriété qu'ont les produits d'acheter, ou si l'on veut de s'échanger contre d'autres produits. Avec du blé on achète des draps, des services, des machines, de la monnaie.

Comment les choses acquièrent-elles cette propriété? En leur donnant d'abord l'utilité, c'est-à-dire en les rendant aptes à satisfaire nos besoins; et ensuite en en limitant la quantité. L'air possède incontestablement une éminente utilité; néanmoins l'air n'a pas de valeur, parce que la quantité en est illimitée. Par contre, les diamants ont une grande valeur, quoique leur utilité satisfasse des besoins moins impérieux, parce que la quantité en est très-limitée.

Ainsi, si une chose est apte à satisfaire nos besoins, et n'est pas à la disposition de tout le monde, elle aura nécessairement de la valeur; c'est-à-dire que ceux qui en ont besoin donneront pour l'obtenir d'autres produits en échange.

Une chose a plus ou moins de valeur selon que d'un côté les besoins qu'elle est destinée à satisfaire sont plus ou moins urgents, plus ou moins étendus, et que les ressources de ceux qui la désirent sont plus ou moins abondantes; et de l'autre côté, selon qu'il en est offert en vente une plus ou moins grande quantité, et que les possesseurs ont un besoin plus ou moins pressant de vendre. Toutes ces circonstances, qui influent sur le degré de valeur des produits, se résument dans l'expression *offre et demande;* et l'offre et la demande est la loi des valeurs.

Quelques écrivains d'économie politique, et entre autres le profond Ricardo, n'admettent pas cette loi des valeurs. Ils pensent que la valeur des choses est déterminée par la somme des sacrifices que leur création a coûtés; ou, en d'autres termes, par le montant des frais de production.

Cette opinion n'est pas fondée. Il y a des produits dont la création ne coûte rien et qui ont néanmoins de la valeur; il y en a qui ont une valeur supérieure, et d'autres ont, passagèrement il est vrai, une

valeur inférieure aux frais de production; et il y en
a qui ont la même valeur, quoique le montant de
leurs frais de production soit différent.

Un aérolithe qui tombe du ciel a un grand prix
pour le naturaliste; une forêt, que la nature a plantée
sans le concours du travail humain, a aussi de la
valeur; et la terre elle-même, qui est un don de la
Providence, a également de la valeur, et en a d'autant plus que la contrée est plus riche et plus peuplée.
D'un autre côté, tous les produits monopolisés, soit
par suite d'un monopole naturel, comme les tableaux
de tel artiste, les vins de tel cru, les eaux minérales
de telle source; soit par suite d'un monopole artifi-
ciel, comme le sel, le transport des lettres, et dans
certains pays, le tabac, les cartes à jouer, ont une
valeur supérieure au montant des frais de production. En outre, le blé cultivé sur des terres peu
fertiles et éloignées du marché, se vend au même
prix que le blé cultivé sur des terres fertiles près du
lieu de la vente, quoiqu'il y ait une grande différence dans les frais de production et de transport.
Et certaines marchandises se vendent souvent au-
dessous du coût, par suite d'une production exces-
sive ou d'un événement qui restreint considérablement les débouchés.

Tout cela prouve que ce n'est pas le montant des
frais de production qui détermine le prix, mais l'offre et la demande. Les frais de production jouent
néanmoins un rôle important dans la fixation de la
valeur des choses. D'abord ils empêchent que cette

valeur ne descende au-dessous de leur montant ;
car dans ce cas, la production donnant des pertes
cesse nécessairement, au moins en partie, et la
quantité offerte venant à diminuer, la valeur s'é-
lève de nouveau. Ensuite, le prix des produits
dont la fabrication n'est pas monopolisée, est ra-
mené, par suite de la concurrence, à peu près au
niveau des frais de production ; c'est cette circonstance, qui étant commune à un grand nombre de
produits, a contribué à faire croire que les prix
étaient déterminés par les frais de production, et
non par la loi de l'offre et de la demande, ainsi que
nous venons de le démontrer.

La valeur des monnaies est aussi soumise à l'em-
pire de cette loi. Plus il y a de monnaies, plus leur
valeur s'abaisse ; et par contre, plus on en retire de
la circulation, plus leur valeur s'élève.

Dans les pays où le papier-monétaire remplit le
même service que la monnaie, cette vérité est con-
firmée par l'expérience. Quand le papier-monétaire
est émis en quantités assez fortes pour augmenter
sensiblement le nombre des unités-monétaires en circulation, la valeur des monnaies baisse, et la preuve
qu'elle baisse, c'est que le prix, non-seulement
des métaux précieux, mais de tous les produits, augmente. La valeur des monnaies se relève ensuite,
à mesure que la monnaie métallique, qui est aussi
frappée par la dépréciation du numéraire circulant,
sort du pays pour aller à l'étranger, où elle vaut,
comme métal, plus qu'elle ne vaut dans le pays

comme monnaie. Si les émissions de papier-monétaire continuent à avoir lieu sans aucune mesure,
alors la baisse de la valeur des monnaies devient
tellement effrayante que, non-seulement toute la
monnaie métallique sort de la circulation, mais le
papier, qui ne peut pas aller à l'étranger, et qui reste
seul pour faire le service des échanges, devant être
employé en grandes masses pour les plus petites
transactions, à cause de sa grande dépréciation, finit
par devenir impropre aux fonctions monétaires.
C'est ce qui est arrivé en France aux assignats, dont
il fallait 10,000 francs pour payer une tasse de café.
Plusieurs autres faits viennent ajouter plus d'évidence encore au principe ci-dessus énoncé, savoir,
que la valeur des monnaies est soumise, comme la
valeur de tout autre produit, à la loi de l'offre et de
la demande : nous en citerons quelques-uns.

En Espagne, Charles III créa des bons royaux
pour une somme de 27,435,275 piastres fortes.
Aussi longtemps que la quantité de ce papier a été
maintenue dans ces limites, les bons royaux s'échan-
geaient, même avec prime, contre de la monnaie
métallique. Mais, à mesure que de nouvelles émissions vinrent augmenter la quantité en circulation,
leur valeur a diminué dans la même proportion,
et la dépréciation a atteint un tel degré, qu'un bon
de 100 piastres n'en valait plus que 25 en numéraire
métallique.

En France, aussi longtemps que Law eut la direction de la banque de France, savoir, depuis 1716

jusqu'en 1719, les billets de cette banque valaient le pair; mais lorsqu'elle passa sous la direction du gouvernement, qui abusa des émissions, leur valeur a été toujours en déclinant, jusqu'au point où elle devint tout à fait nulle.

En Russie, lorsque le papier-monnaie fut introduit dans la circulation, le rouble de papier valait un rouble d'argent; mais, à mesure que le papier augmentait par suite d'émissions nouvelles, il baissait de valeur; au point qu'en 1810 il fallait donner 4 roubles de papier contre un rouble d'argent.

En Autriche, les émissions immodérées du papier appellé *Wiener whärung* en avaient introduit dans la circulation pour un milliard et 60 millions de florins : aussi sa valeur est tombée si bas qu'un florin d'argent s'échangeait contre 10 à 12 florins de papier. Ensuite ce même papier fut converti avec une perte des $\frac{3}{5}$ en billets remboursables, et ces billets ont conservé leur valeur au pair avec celle de l'argent, parce que la quantité laissée dans la circulation ne dépasse pas la somme de 100 millions de florins.

En Prusse, le papier du gouvernement s'échange au pair contre les pièces métalliques, attendu que les émissions ont été faites avec modération. On croit qu'elles ne dépassent pas 12 millions de thalers.

En Angleterre, le parlement, en 1797, autorisa la banque de Londres à ne pas rembourser ses billets, qui, par suite de cette mesure, sont devenus la monnaie du pays. Mais, comme la masse existante dans la circulation correspondait aux besoins des transactions, ils ont conservé pendant quelque temps la même valeur que les pièces métalliques, quoiqu'ils n'en fussent plus le signe représentatif. De nouvelles émissions en ayant augmenté la masse circulante, leur valeur baissa jusqu'aux $\frac{4}{5}$ de leur valeur nominale; et elle aurait baissé davantage, si la banque n'avait pas mis un terme à ses émissions. En 1810, il y avait, d'après Jacob, 48 millions de livres sterling de papier en circulation, dont moitié en billets de la banque de Londres : et à cette époque une once d'or valait 4 $\frac{1}{2}$ livres sterling en papier. En 1814, la masse du papier s'élevait à 60 millions sterling, et au lieu de 4 $\frac{1}{2}$ il fallait donner 5 $\frac{1}{2}$ livres sterling de papier pour acheter une once d'or. C'est-à-dire, que la valeur de la livre sterling de papier avait baissé à peu près dans la même proportion que le nombre des billets avait augmenté. Par la suite, la banque, voulant restituer à ses billets, avant l'époque fixée pour le remboursement en monnaie métallique, toute leur valeur primitive, en a réduit la quantité, en retirant successivement de la circulation l'excédant; bientôt la valeur de ceux qui y sont restés, obéissant à la loi de l'offre et de la demande, s'éleva de nouveau à la valeur des pièces métalliques.

Ces faits, et surtout le dernier, ne doivent laisser, à notre avis, aucun doute sur la vérité de la doctrine d'après laquelle la valeur des monnaies est soumise, comme toutes les autres valeurs, à la loi de l'offre et de la demande.

Mais pour bien saisir l'action de cette loi sur la valeur monétaire, il est important de considérer séparément la valeur de l'unité-monétaire, ou si l'on veut, la valeur des pièces qui sont l'expression d'une ou de plusieurs unités-monétaires, et la valeur totale de la masse des monnaies qui sont dans la circulation.

Dans chaque pays les transactions pécuniaires exigent l'emploi d'une quantité donnée de valeur monétaire, comme le transport en un temps déterminé d'une masse inerte exige l'emploi d'une quantité donnée de force. Nous disons qu'il faut une quantité donnée de *valeur*, et non un nombre donné d'unités ou de pièces monétaires pour accomplir les transactions pécuniaires, parce que c'est leur valeur, et non leur nombre ni leur poids, qui remplit cette mission.

La quantité de valeur monétaire reclamée par les transactions pécuniaires, est-elle la dixième, la centième, la millième partie ou toute autre fraction de la somme totale des paiements qui doivent être exécutés dans le courant d'une année? C'est là un rapport que nous n'entreprendrons pas de constater; mais quel qu'il soit, toujours est-il que le montant total de la valeur monétaire est une quantité constante, aussi longtemps que la somme totale et l'importance des transactions annuelles ne subissent aucune variation.

En d'autres termes : la valeur *totale* de la monnaie en circulation est indépendante du nombre d'unités-monétaires ou des pièces qui la représentent, et n'est déterminée que par la demande seulement, c'est-à-dire, par le montant total des paiements qu'elle doit servir à effectuer dans un espace de temps donné.

Cette conclusion, savoir, que la valeur totale de la monnaie est déterminée par la seule demande, et que l'offre n'y exerce aucune influence, paraît être en contradiction avec la loi des valeurs ; elle en est cependant une conséquence rigoureuse, ainsi que nous allons le démontrer.

Nous avons remarqué, dans la première partie de cet écrit, qu'une des qualités essentielles qui constituent l'utilité du produit appelé monnaie, est sa valeur ; que si la monnaie perdait sa valeur, elle perdrait toute son utilité, cesserait d'être monnaie ; que tous les autres produits pourraient perdre leur valeur sans perdre leur utilité ; et nous avons supposé le cas où le blé nous serait donné comme l'air sans travail et en abondance, et nous avons observé qu'il n'aurait alors plus de valeur, mais qu'il conserverait néanmoins son utilité, et continuerait à nous servir d'aliment.

Ce fait exclusif de la monnaie, savoir que la valeur est la qualité qui constitue son utilité, lui confère une propriété aussi exclusive, celle de pouvoir satisfaire à un plus ou à un moins grand nombre de besoins, sans qu'il soit nécessaire d'augmenter ou de diminuer le nombre d'unités-monétaires qui sont dans la circulation. Si 1,000 sacs de blé suffisent à nourrir 100 individus, il en faudra 2,000 pour en alimenter 200. Il n'en est pas de même à l'égard de la monnaie. Si 100 millions d'unités-monétaires suffisent à opérer tous les échanges qui ont lieu dans le courant d'une année, elles suffiraient également, lors même que le nombre et l'importance de ces échanges auraient doublé. C'est que l'utilité de la monnaie augmente avec les besoins, par la raison que cette utilité n'étant autre chose que de la valeur, doit nécessairement, en vertu de la loi de l'offre et de la demande, augmenter ou diminuer en raison de l'augmentation ou de la diminution de la demande. Également, si la demande reste la même, c'est-à-dire, si le nombre et l'importance des transactions où la monnaie doit intervenir, n'éprouvent aucune variation, la valeur totale de la monnaie reste aussi stationnaire, lors même qu'on introduirait de nouvelles pièces dans la circulation, ou que l'on en retirerait une partie de celles qui s'y trouvent déjà ; seulement, la valeur des pièces deviendrait plus petite dans la première supposition, et plus grande dans la seconde.

Cette dernière observation nous fait voir, sans qu'il soit besoin d'autres raisonnements, que la valeur de l'unité-monétaire varie non-seulement d'après les variations de la demande, mais aussi d'après celles de l'offre ; c'est-à-dire, non-seulement d'après le nombre et l'importance des transactions pécu-

niaires, mais aussi d'après le nombre d'unités-monétaires qu'on jette dans la circulation. En effet si
la demande de monnaie et sa valeur totale restent
les mêmes, il est évident que si l'on augmente le
nombre d'unités-monétaires dont cette valeur se
compose, on la divise en un plus grand nombre
de parties, et par conséquent, chaque partie devient une plus petite fraction de l'entier; par contre
elle devient une fraction plus grande, si au lieu
d'augmenter on réduit le nombre des unités-monétaires en circulation.

On voit donc qu'il n'y a rien de paradoxal dans
la proposition que nous avons énoncée, savoir, qu'on
peut doubler, tripler, multiplier ou réduire comme
l'on veut le nombre des unités-monétaires qui sont
dans la circulation, leur valeur *totale* restera toujours la même, au moins aussi longtemps que la demande de monnaie restera sans variations; mais la
valeur de l'unité-monétaire elle-même, s'abaissera
ou s'élèvera selon qu'on jettera dans la circulation,
ou qu'on en retirera, un nombre plus ou moins
grand d'unités-monétaires. Et cela est ainsi, parce
que ce n'est pas la valeur de l'unité-monétaire qui
détermine la valeur totale de la monnaie, mais
c'est cette dernière valeur qui détermine celle de
l'unité-monétaire. Supposons que la valeur totale de
la monnaie soit égale à la valeur de dix millions
d'hectolitres de blé, la valeur de l'unité-moné-
taire sera égale à $\frac{1}{10}$ ou à $\frac{1}{20}$ ou à $\frac{1}{40}$ d'hectolitre,
selon que la valeur totale de la monnaie se trouve

divisée en 100, en 200 ou en 400 millions d'unités. Ce qui prouve qu'en multipliant les unités-monétaires, on n'augmente pas la valeur totale de la monnaie, mais on diminue celle de l'unité-monétaire elle-même.

Nous allons citer un fait très-concluant qui vient corroborer cette doctrine.

D'après Jacob [1], la masse de papier-monétaire qui en Angleterre était dans la circulation s'élevait, en 1810 à 48 millions de livres sterling; en 1814 à 60 millions; en 1829 à 40 millions seulement. Eh bien, les 48 millions en 1810, les 60 millions en 1814, et les 40 millions en 1829, avaient, à ces différentes époques, une valeur à peu près égale à celle de 10 millions d'onces d'or. Par contre la valeur de l'unité-monétaire, c'est-à-dire, de la livre sterling, a suivi la variation du nombre d'unités-monétaires qui aux mêmes époques se trouvaient dans la circulation. En 1810 il fallait donner $4\frac{1}{4}$ livres sterling, pour acheter une once d'or; en 1814 il fallait en donner $5\frac{1}{2}$, et en 1829 il suffisait de donner 3 livres et 18 schellings.

Cette belle expérience confirme pleinement la théorie que nous venons d'exposer.

Nous pouvons donc conclure d'après tout ce qui précède 1° que si la demande de monnaie, c'est-à-dire, la somme totale des paiements à effectuer dans

---

[1] An historical Inquiry into the production and consumption of the precious metals.

un temps donné est constante, la valeur totale de la monnaie qui doit servir à cet usage sera également constante; 2° que la valeur totale de la monnaie étant constante, si l'on augmente ou l'on diminue le nombre d'unités-monétaires qui sont dans la circulation, leur valeur augmente ou diminue dans la même proportion, mais leur valeur totale reste toujours la même.

Or comme la valeur totale de la monnaie peut être considérée comme constante, attendu qu'elle ne subit d'autres variations que celles provenant du progrès lent et insensible de la richesse publique, dorénavant lorsque nous parlerons des variations de la valeur monétaire, nous désignerons par ces mots la valeur de l'unité-monétaire, est-à-dire, des pièces, et non la valeur totale de la monnaie en circulation.

DE LA VALEUR MONÉTAIRE ET DE LA VALEUR MÉTALLIQUE DES MONNAIES.

Maintenant que nous avons établi le principe que la valeur monétaire est soumise comme la valeur de tout autre produit à la loi de l'offre et de la demande, nous pourrons aisément résoudre la question posée plus haut, savoir, si dans les pièces de monnaie de métal il y a deux valeurs bien distinctes, une monétaire, l'autre métallique. La réponse pour l'affirmative ressort de la différence des

causes qui établissent l'offre et la demande à l'égard
de la monnaie et à l'égard du métal. Pour la monnaie, ces causes sont, d'un côté, le nombre et l'importance des transactions auxquelles la monnaie sert
d'intermédiaire, de l'autre coté, la somme des unités-monétaires qui se trouvent dans la circulation.
Pour le métal, les causes qui déterminent l'offre
et la demande sont, d'abord tous les usages, celui de monnaie compris, auxquels l'or et l'argent
sont employés, et ensuite la masse existante, non-
seulement dans le pays, mais sur tous les marchés
du monde; car les métaux précieux sont une marchandise universelle. Il est évident que les circonstances qui déterminent l'offre et la demande,
c'est-à-dire, la valeur monétaire des pièces, étant
différentes de celles qui déterminent leur valeur
métallique, ces deux valeurs sont nécessairement
distinctes, l'une pouvant être plus, moins, ou aussi
élevée que l'autre.

Il y a néanmoins deux faits qui paraissent être en
contradiction avec cette doctrine; savoir, l'égalité
constante des deux valeurs, la monétaire et la métallique, et le non succès des gouvernements qui ont
tenté d'élever la valeur monétaire des pièces au-
dessus de leur valeur métallique. On a conclu, de ce
dernier fait surtout, que les monnaies n'ont d'autre
valeur que la valeur du métal qu'elles contiennent,
puisqu'aucun gouvernement n'a pu obtenir qu'une
pièce pesant une once d'argent à un certain titre,
valût plus qu'un morceau d'argent du même poids

et du même titre; ni que la même pièce conservât sa valeur, achetât la même quantité de marchandises, après que son poids ou son titre avaient été réduits.

Cette objection est spécieuse, et nous devons y répondre convenablement. Il suffit toutefois d'indiquer les causes qui donnent lieu à l'existence des deux faits qui lui servent d'appui, pour nous convaincre que ces mêmes faits, loin de combattre, confirment la théorie que nous venons d'exposer.

CAUSE DE L'ÉGALITÉ DE LA VALEUR MONÉTAIRE ET DE LA VALEUR MÉTALLIQUE DES MONNAIES.

Nous avons déjà fait observer que la valeur monétaire des pièces d'or et d'argent se maintient au niveau de leur valeur métallique, par la raison qu'aussitôt que par une circonstance quelconque l'équilibre entre ces deux valeurs vient à se rompre, il est immédiatement rétabli par la facilité de fondre les pièces lorsque leur valeur monétaire baisse, ou d'en frapper de nouvelles lorsqu'elle s'élève. Cela a toujours lieu, même dans les pays où le gouvernement ne permet pas aux particuliers d'apporter les lingots à l'hôtel de la monnaie, pour les convertir en pièces monnayées. Dans ces pays, c'est le gouvernement lui-même qui frappe de nouvelles pièces, quand il peut se procurer des lingots à des prix qui lui laissent quelque bénéfice; c'est-à-dire, qu'il convertit les lingots en monnaie quand la valeur monétaire des pièces est au-dessus de leur valeur métallique. Quant au cas de baisse de la valeur monétaire, tout le monde peut mettre les pièces dans un creuset et en faire des lingots, lors même qu'une législation absurde défendrait cette opération.

Ce sont donc deux valeurs bien distinctes, la métallique et la monétaire, puisque, pour les maintenir au même niveau, il faut, conformément à la loi de l'offre et de la demande, tantôt augmenter et tantôt diminuer le nombre total des unités-monétaires qui sont dans la circulation.

Cette nécessité de diminuer le nombre total des unités-monétaires quand la valeur monétaire des pièces baisse, est plus évidente encore dans les pays où les billets de banque font, en concurrence avec la monnaie métallique, le service des échanges. Là, la masse de monnaie métallique est de beaucoup inférieure, proportion gardée, à la masse de la même monnaie qui existe dans les pays où le papier-monétaire n'a pas été adopté; ou, s'il l'a été, il ne circule que dans une sphère peu étendue.

En Angleterre, d'après Jacob, il n'existe dans la circulation en monnaie métallique au plus que 30 millions de livres sterling, tandis qu'en France la masse circulante est de deux milliards à deux milliards et demi de francs, 80 à 100 millions de livres sterling. Cette énorme différence, eu égard même à la différence des transactions qui ont lieu dans les deux pays, provient de ce qu'en Angleterre, l'usage du papier-monétaire, étant plus général qu'en France, chasse de la circulation une plus grande somme de monnaie métallique : et cette expulsion de la monnaie métallique a lieu par la raison que l'introduction du papier-monétaire, augmentant la masse des monnaies existantes, en fait baisser la valeur, et oblige par conséquent les pièces métalliques, qui sont dépréciées comme monnaie, de redevenir métal, dont la valeur n'a subi aucune altération.

Ainsi, si nous voyons que la valeur monétaire et la valeur métallique des pièces se tiennent constamment au même niveau, c'est qu'aussitôt qu'une cause quelconque vient à troubler cette égalité, elle est immédiatement rétablie par la facilité de ne laisser dans la circulation que la quantité de monnaie nécessaire pour la maintenir. Et c'est pour ce motif que, dans les pays où le papier fait le service de monnaie en concurrence avec les pièces métalliques, y a de ces pièces dans la circulation une quantité bien inférieure à celle existante dans les pays où tout ou presque tout le service monétaire se fait avec la monnaie de métal.

Mais, pour ne laisser aucun doute sur cette vérité, nous allons citer deux autres faits qui lui donnent un nouvel appui.

Dans le royaume uni de la Grande-Bretagne, la monnaie légale, celle que tout le monde a le droit d'offrir et d'exiger en paiement, est la monnaie d'or. Les pièces d'argent ne servent qu'aux paiements au-dessous de 10 schellings et aux appoints. Or la monnaie d'or a constamment une valeur égale à sa valeur métallique, tandis que la monnaie d'argent possède une valeur supérieure à la valeur du métal qu'elle contient.

En effet 20 schellings d'argent achètent autant de marchandises qu'un souverain d'or; cependant le poids d'argent fin, contenu dans 20 pièces d'un schelling, est au poids d'or fin, contenu dans une pièce d'un souverain, comme $14\frac{50}{176}$ est à un, tandis que sur le marché, la valeur de l'or en lingots est à celle de l'argent en lingots comme $15\frac{3}{4}$ environ est à un. Il est donc évident que les 104 grammes et 530 milligrammes d'argent pur contenus dans 20 pièces d'un schelling, valent plus, sous la forme de monnaie que sous la forme de lingots, puisque avec 104 grammes et 530 milligrammes d'argent monnayé on peut acheter à peu près 115 grammes d'argent en lingots, tandis que les 7 grammes et 318 milligrammes d'or pur, contenus dans le souverain, valent autant sous la forme de monnaie, que sous celle de lingots.

D'où vient cette différence? C'est que tout le monde est libre de porter des lingots d'or à l'hôtel des monnaies, si la valeur monétaire s'élève, tandis qu'à l'égard de la monnaie d'argent, le gouvernement s'est reservé le droit exclusif de convertir les lingots en pièces monnayées; et comme il n'en frappe que la quantité strictement nécessaire aux besoins que les monnaies d'argent sont destinées à satisfaire, il n'y a rien d'étonnant que leur valeur soit supérieure à celle du métal dont elles sont formées. Le gouvernement pourrait même, s'il le jugeait convenable, l'élever davantage; il n'aurait qu'à diminuer le nombre des pièces d'argent qui sont dans la circulation, ou bien réduire soit le poids soit le titre des pièces, mais en y laissant le même nombre.

La monnaie de cuivre offre une preuve encore plus éclatante de cette vérité, savoir, que la valeur monétaire des pièces est autre que la valeur du métal dont elles sont formées, puisque pour les pièces de cuivre la différence entre ces deux valeurs est bien plus grande que celle que nous venons de signaler à l'égard de la monnaie d'argent anglaise.

En Belgique, un kilogramme de cuivre monnayé vaut cinq francs, tandis qu'un kilogramme de cuivre en feuilles ne vaut que deux francs et demi environ. Quelle énorme différence! Le gouvernement peut donc élever la valeur monétaire au-dessus de la valeur métallique, pourvu qu'il se conforme à la loi de l'offre et de la demande, qui est plus puissante que lui. La monnaie de cuivre n'a une si haute valeur, relativement à sa valeur métallique, que par suite de la sobriété avec laquelle le gouvernement l'introduit dans la circulation. S'il en émettait plus que les besoins n'en exigent, la valeur monétaire des pièces de cuivre baisserait nécessairement; c'est ce qui arrive en effet dans les pays où le gouvernement, dans des moments de détresse, frappe plus de pièces de cuivre qu'il n'en faut pour remplir leur mission : et ces pièces finiraient par ne valoir que le métal qu'elles contiennent, si l'excès d'émission était tellement considérable, qu'il dépréciât leur valeur jusqu'au point d'atteindre le niveau de la valeur du cuivre.

Ainsi, elle n'est pas fondée l'opinion d'après laquelle les monnaies n'auraient d'autre valeur que la valeur du métal dont elles sont formées : il est au contraire prouvé que dans les monnaies il y a deux valeurs bien distinctes et bien réelles, la monétaire et la métallique, et qu'il est même facile d'élever celle des deux qui est monopolisable au-dessus de l'autre qui est livrée à la libre concurrence.

ALTÉRATION DES MONNAIES.

Ce qui précède sert aussi de réponse à la seconde partie de l'objection que nous combattons, savoir, au non succès des tentatives faites par certains gouvernements d'élever la valeur des monnaies au-dessus de leur valeur métallique; ou, ce qui revient au même, de conserver aux monnaies la même valeur après en avoir diminué le poids ou abaissé le titre.

La monnaie ainsi altérée a baissé de valeur non par suite de l'altération, mais par suite de l'augmentation du nombre des pièces qui se trouvent dans la circulation. Si en abaissant le poids ou le titre des monnaies, ces gouvernements avaient laissé dans la circulation le même nombre de pièces qu'auparavant, celles-ci, malgré l'altération du poids ou du titre, auraient conservé la même valeur qu'elles avaient avant l'altération.

Les monnaies d'argent anglaises peuvent, sous un certain rapport, être considérées comme monnaies altérées, puisque leur poids ne correspond pas à leur valeur nominale, ni à celle des pièces d'or dont elles ne sont qu'une fraction; cependant ces monnaies valent plus que leur poids d'argent, elles achètent, non-seulement plus de marchandises qu'on peut acheter avec les morceaux de métal dont elles sont confectionnées, mais elles achètent même des lingots d'argent ayant un poids plus fort que le leur. Nous avons vu qu'avec 104 grammes et demi environ d'argent monnayé, on peut acheter 115 grammes d'argent en lingots. C'est que le nombre des monnaies d'argent anglaises qui sont dans la circulation est limité aux besoins qu'elles doivent satisfaire; et aussi longtemps qu'on le maintient dans les mêmes proportions, les pièces conserveront également leur haute valeur. Les monnaies de cuivre sont dans le même cas.

Les gouvernements qui ont altéré les monnaies ont agi autrement que le gouvernement britannique. N'ayant baissé le poids et le titre des monnaies, que pour se procurer des ressources extraordinaires, ils ont restitué à la circulation la même masse de métal qui existait avant l'altération, mais ils l'ont partagée en un plus grand nombre d'unités monétaires. Dès lors comme la masse totale a conservé, ainsi que nous l'avons expliqué plus haut, la même valeur, chaque unité-monétaire a dû nécessairement valoir moins, étant devenue une plus petite fraction de la valeur totale.

Supposons qu'il y avait dans la circulation en tout 200 millions d'unités-monétaires, que nous appellerons francs, pesant ensemble 4000 kilogrammes d'argent au titre de $\frac{9}{10}$ de fin, et ayant une valeur égale à celle de 10 millions d'hectolitres de blé ; chaque franc aurait pesé 5 grammes, et aurait acheté $\frac{1}{20}$ d'hectolitre de blé. Supposons, maintenant, que le gouvernement ait converti les 200 millions de francs en francs de 2 $\frac{1}{2}$ grammes, et qu'il ait substitué aux 200 millions de francs, pesant chacun 5 grammes, un nombre double de francs nouveaux, pesant 2 $\frac{1}{2}$ grammes ; comme la valeur totale de la monnaie serait restée la même, et aurait continué à être égale à celle d'un million d'hectolitres de blé, ainsi que nous l'avons démontré plus haut, il est évident que le franc nouveau n'étant que la 400 millionième partie de la valeur totale, n'a dû valoir que $\frac{1}{40}$ d'hectolitre, tandis que l'ancien valait le double. Cette diminution de la valeur du franc nouveau, aurait eu lieu, non parce qu'il n'aurait contenu que la moitié de l'argent existant dans le franc ancien, mais parce que le nombre total des francs en circulation aurait été doublé. En effet si au lieu de jeter dans la circulation 400 millions de francs nouveaux, le gouvernement en eût laissé le même nombre qu'auparavant, le franc nouveau quoique ne contenant que la moitié d'argent que l'ancien, aurait eu néanmoins la même valeur, et aurait acheté aussi $\frac{1}{20}$ d'hectolitre de blé.

Nous savons que ces déductions heurtent trop les idées reçues sur la valeur monétaire; et nous avons peut-être tort de les mettre sans aucun ménagement sous les yeux du lecteur, parce qu'elles pourraient affaiblir l'autorité de nos raisonnements, et nuire, par conséquent, à l'adoption du principe que nous voulons établir; d'autant plus que les métaux précieux étant la monnaie universelle, cette circonstance complique encore plus la question monétaire, et rend la solution plus difficile. Toutefois si nos doctrines sont vraies les déductions doivent l'être également, et nous nous croyons obligé de les mettre en évidence.

Dans tout ce qui précède nous avons raisonné d'une manière générale, et nous avons négligé les petites différences, qui ne changent en rien nos raisonnements. Quand nous avons dit que la valeur monétaire des pièces était constamment égale à leur valeur métallique, nous n'avons pas entendu parler d'égalité ni d'invariabilité mathématiques. Il est certain que 200 pièces de 5 francs qui pèsent 5 kilogrammes, ne s'échangent pas exactement contre 5 kilogrammes d'argent en lingot au même titre, ni toujours contre la même quantité. Il y a une légère différence, qui vient des frais de monnayage et de la fluctuation des demandes. Toutefois, si cette différence devient assez forte, pour donner lieu à un bénéfice suffisant, on portera les lingots à l'hôtel de la monnaie, ou bien, on fondra et on exportera les pièces monnayées, et l'équilibre se rétablira immédiatement. Également, quand nous disons, qu'en doublant le nombre des unités-monétaires on diminue de moitié leur valeur, ce résultat peut ne pas être mathématiquement exact, ni celui qui aurait lieu, si l'on réduisait de moitié le nombre des unités-monétaires en circulation, attendu que d'autres causes secondaires viendraient troubler l'action de la cause principale. Mais ces résultats se rapprochent toujours assez du point que nous venons d'indiquer, pour confirmer le principe qui leur donne naissance. Cette protestation doit valoir également pour tout ce qui sera dit dans le courant de cet écrit, lorsque nous envisageons les questions d'un point de vue élevé; mais quand il s'agit d'analyser les faits, et les faire servir d'appui à nos raisonnements, alors nous sommes très-scrupuleux, soit dans la désignation des quantités, soit dans la narration des événements.

Il nous reste à combattre une autre erreur, qui, en réalité n'est qu'une manifestation différente d'une des objections déjà signalées; mais comme elle est présentée sous une forme plus vulgaire, surprend plus facilement les convictions.

DE LA VALEUR INTRINSÈQUE.

On dit: c'est la valeur intrinsèque qui donne la

valeur aux pièces monnayées : sans l'intrinsèque
point de valeur, et par conséquent point de monnaie. Voyez, ajoute-t-on, si vous pouvez faire de la
monnaie avec des pièces de terre cuite : pourquoi ?
parce que ces pièces n'ont pas de valeur intrinsèque.
Et les billets de banque, quoique garantis, soit par
le capital de la banque, soit par les effets que la
banque reçoit contre leur émission, n'ont de valeur
que par la promesse de remboursement en monnaies métalliques, qui ont une valeur intrinsèque
que personne ne peut leur enlever. C'est l'intrinsèque et l'intrinsèque seul, conclut-on, qui donne
aux pièces monnayées leur valeur, qui les fait accepter comme monnaie.

Ayons, d'abord, une idée bien nette de ce qu'on
entend par valeur intrinsèque. Il paraît que c'est la
valeur de la matière dont un produit est formé. Si
nonobstant la destruction du produit, ou, pour
parler plus exactement, si nonobstant la destruction
de l'utilité du produit, la matière dont il est formé
conserve encore une certaine valeur, on dit que ce
produit a une valeur intrinsèque.

Ainsi, la valeur intrinsèque d'un alambic de cuivre, est la valeur que conserve le cuivre, même après
que l'alambic n'est plus apte à distiller les liquides.
De même, la valeur intrinsèque des monnaies, est la
valeur que l'or et l'argent conservent, même après
la fusion des pièces ; c'est ce que nous avons appelé
valeur métallique des monnaies. Par contre, un vase
de porcelaine, le mouvement d'un chronomètre,

un tableau de Michel-Ange, n'ont point de valeur intrinsèque, parce que si ces objets venaient à être détruits, il ne resterait rien qui eût quelque valeur, qui puisse être échangé contre quelque chose.

L'intrinsèque n'est donc pas une condition de la valeur des choses ; il n'en est qu'un accident. Le plus grand nombre des produits ont de la valeur, sans que la matière dont ils sont formés conservât quelque valeur, si l'utilité du produit venait à être détruite. La seule influence que la valeur intrinsèque exerce sur les produits qui possèdent cette valeur, c'est d'empêcher que leur valeur ne tombe au-dessous de leur valeur intrinsèque. L'alambic, qui nous a servi d'exemple, ne vaudra jamais moins que ce que vaut le cuivre qu'il contient. Également, les monnaies d'or et d'argent ne vaudront jamais moins que l'or et l'argent dont elles sont formées ; mais, soit l'alambic, soit les monnaies, ils ont une valeur à part comme alambic et comme monnaies, aussi longtemps que ces produits conserveront leur utilité respective : l'alambic celle de servir à la distillation, les monnaies celle de servir aux échanges.

Il n'est pas nécessaire, ainsi que nous venons de le dire, qu'un produit ait de l'intrinsèque pour qu'il ait de la valeur. Une chose aura toujours de la valeur, si elle a de l'utilité, et n'est pas tellement abondante que chacun puisse en prendre autant qu'il en a besoin.

La monnaie est dans le même cas : elle satisfait

un besoin social, un besoin des plus impérieux, et des plus étendus. Ainsi, la chose qui est apte à rendre ce service, et dont la quantité est limitée, aura nécessairement de la valeur, lors même qu'elle n'a pas de valeur intrinsèque.

Une autre preuve que la valeur de la monnaie est entièrement indépendante de celle de la chose qu'on croit devoir lui servir d'appui, c'est la catastrophe des assignats en France. Ce papier reposait incontestablement sur la plus stable de toutes les garanties, celle de la propriété immobilière, au moins aussi longtemps que la quantité émise n'a pas dépassé la valeur totale des biens dont ce papier était le signe représentatif. Cependant, il a fini par ne rien valoir, quoique l'on eût pu l'employer en acquisition de biens nationaux. Qu'importe en effet que l'instrument des échanges puisse s'échanger contre des propriétés foncières; sa valeur ne baissera pas moins si l'on en émet plus que les besoins n'en exigent. Car la quantité de monnaie en circulation ne doit pas être en rapport avec telle ou telle autre partie, ni avec la somme totale de la richesse publique ; mais avec le mouvement des valeurs, c'est-à-dire, avec le nombre et l'importance des transactions auxquelles la monnaie sert de moyen d'exécution. Les charrettes qui transportent le bois à brûler de la forêt de Soignes à Bruxelles, ne sont pas en rapport avec la masse totale des arbres dont se compose cette forêt, mais simplement avec la quantité de cordes de bois qu'on doit transporter en ville dans un certain espace de temps. Si l'on construisait autant de charrettes qu'il en faudrait pour transporter en un seul jour toute la forêt de Soignes, il y en aurait certainement trop; et si toutes étaient offertes à la fois pour transporter la petite portion qui doit servir à la consommation de l'année, il est certain que le prix du transport diminuerait considérablement.

Cette erreur, qui par malheur n'est que trop généralement admise, savoir, que la valeur monétaire est le reflet d'une autre valeur, de celle de la chose qu'on croit devoir lui servir de garantie, est la source de bien de projets, ayant pour but d'enrichir le pays au moyen de papier-monétaire représentant telle ou telle branche de la richesse publique. Tantôt ce sont des objets de consommation intérieure, tantôt, ce sont des marchandises destinées à l'importation ou à l'exportation, tantôt ce sont les propriétés foncières qui doivent servir de garantie à une émission de papier-monétaire, qu'on a la prétention de faire circuler comme monnaie et de faire accepter pour la valeur qu'il est censé représenter, par la seule raison que ce papier a derrière lui, soit des produits, soit des propriétés foncières, soit tout autre objet qui fait partie de la richesse du pays. Qu'on le sache bien, la valeur de la monnaie ou de toute autre chose qu'on emploie au même usage, est en raison des besoins qu'elle est destinée à satisfaire, et de la quantité qui se trouve dans la circulation, et non pas en raison de la valeur de la matière dont elle est formée, ni de la valeur des choses dont on prétend qu'elle est le signe représentatif et qu'on croit devoir lui servir de garantie.

LA VALEUR EST L'ÉLÉMENT DE L'UTILITÉ MONÉTAIRE.

Ce qui empêche les esprits de bien saisir cette vérité à l'égard de la monnaie, tandis qu'elle paraît évidente à l'égard des autres produits, c'est que l'utilité des autres produits est indépendante de leur valeur, et que pour la monnaie la valeur est l'élément principal de son utilité. Si le blé nous était donné par la Providence comme l'air, sans mesure et sans travail, il n'aurait aucune valeur, ainsi que nous l'avons déjà remarqué ; mais il ne conserverait pas moins son utilité, la propriété de nous servir d'aliment. La monnaie, au contraire, avec la valeur perd au même instant toute son utilité, c'est-à-dire qu'elle cesse d'être monnaie.

Dès lors on a cru que la valeur doit préexister dans la chose qu'on veut employer comme monnaie ; que ce n'est pas en l'employant comme monnaie qu'on peut lui donner de la valeur, mais qu'elle doit la posséder déjà avant de recevoir cette destination. Et, en d'autres termes, on a cru que les choses qui n'ont pas de valeur ne peuvent servir, ni comme monnaie, ni comme matière, à la fabrication des monnaies.

On voit que nous n'avons aucunement cherché à atténuer la force de cette objection, et nous convenons qu'elle pourrait ébranler les convictions, si la doctrine qu'elle attaque ne puisait dans des principes incontestables les arguments qui en démontrent l'erreur.

Dans un état de civilisation peu avancée, où les idées sociales ne sont pas assez développées, où le besoin de monnaie commence à peine à se faire sentir, où les échanges n'ont lieu que pour un très-petit nombre de produits, où chaque famille confectionne elle-même la plus grande partie des choses réclamées par ses besoins qui, d'ailleurs sont très-bornés et faciles à satisfaire; dans un tel état de civilisation, il serait difficile, peut-être, d'employer autre chose pour servir d'intermédiaire des échanges, que des produits ayant déjà de la valeur. Car, lorsque la société humaine est encore dans l'enfance, il n'existe aucune institution publique chargée des intérêts généraux de la communauté, ayant mission d'agir au nom de tous, et de créer les choses d'un usage commun, et dont la production est hors de la puissance individuelle de chacun. Non-seulement les choses matérielles, comme les routes, les édifices publics, les ports, les canaux; mais les utilités morales, comme la justice, la force publique, l'administration, le culte, appartiennent à une civilisation plus avancée.

La valeur monétaire est aussi une de ces créations morales, dévolues à la puissance qui représente la société. La monnaie est un produit éminemment social; et plus la société avance dans la voie de l'industrie et de la richesse, plus le produit-monnaie doit approcher de cette perfection qui le rend apte à mesurer une plus grande masse de valeurs, à servir d'intermédiaire à des transactions plus étendues, plus multipliées, et se succédant avec une plus grande rapidité.

Or, s'il est reconnu que telle matière qui n'a pas de valeur, possède à un degré éminent toutes les autres qualités qui la rendent propre à servir à la confection d'une monnaie plus parfaite que la monnaie fabriquée avec des matières qui ont de la valeur, il n'est pas difficile de lui donner la qualité qui lui manque, de lui donner la valeur, qui est l'élément indispensable de toute monnaie.

Il suffit, pour atteindre ce but, de monopoliser la fabrication de la monnaie, d'en faire une attribution exclusive du pouvoir gouvernemental. Et, notons, que le même intérêt social, qui condamne en thèse générale le monopole, exige qu'on l'établisse à l'égard de la monnaie, par exception au principe de la libre concurrence.

Il est certain que, le gouvernement étant le seul fabricant de monnaie, si la monnaie qu'il fabrique possède les propriétés voulues pour bien remplir le service d'intermédiaire des échanges et de mesure des valeurs, elle sera demandée, et aura par conséquent nécessairement de la valeur. Qu'importe que la matière dont elle est formée n'ait pas de valeur, puisque personne, excepté le gouvernement, ne peut la convertir en monnaie. Ce n'est pas à la matière que la fabrication privilégiée donne de la valeur, mais à la monnaie que le gouvernement fabrique avec cette matière ; c'est-à-dire, qu'il crée un produit qui, d'un côté, étant offert en quantités limitées, et de l'autre, étant demandé par les besoins, doit avoir nécessairement de la valeur.

COMMENT LE GOUVERNEMENT PEUT DÉTERMINER LA VALEUR DE LA MONNAIE.

Quand nous disons que le gouvernement donne de la valeur à la monnaie, nous sommes loin de prétendre qu'il puisse la donner, et encore moins la déterminer, par un acte de son autorité, comme il fixe le taux des taxes et des contributions. La valeur des choses est hors de la puissance gouvernementale ; elle ne reconnaît qu'une seule loi, celle de l'offre et de la demande. Le gouvernement ne peut créer la valeur qu'en se conformant à cette loi : et c'est dans ce but qu'il s'attribue le privilége exclusif de la fabrication de la monnaie ; privilége, d'ailleurs, que tout le monde respecte, parce que tout le monde sait qu'il n'est établi que dans l'intérêt de tous et de chacun. Il autorise en outre les citoyens à exiger, et les oblige à effectuer les paiements avec la monnaie fabriquée par lui ; et les citoyens feront usage de cette faculté et rempliront l'obligation qui leur est imposée, avec d'autant plus d'empressement, que la monnaie du gouvernement sera plus parfaite; c'est-à-dire, qu'elle remplira mieux les fonctions d'intermédiaire des échanges. Jamais le gouvernement ne pourra obtenir par un acte de sa volonté que 20 unités-monétaires achètent, par exemple, un sac de blé, une aune de drap; mais il peut régler l'émission de sa monnaie de manière qu'elle acquierre cette valeur. S'il en émet avec trop de parcimonie, 20 unités-monétaires vaudront plus, achèteront plus qu'un sac de blé ; s'il en émet avec trop de largesse , elles vaudront moins.

Ainsi, le gouvernement, qui est impuissant à créer d'une manière directe, et encore moins à déterminer la valeur monétaire, peut obtenir le même résultat en amenant les circonstances qui, d'après la loi de l'offre et de la demande, créent et déterminent la valeur des produits.

Ici se présente une autre objection. Mais, si personne, dira-t-on, ne veut faire usage de la monnaie du gouvernement, il a beau en restreindre la fabrication, sa monnaie ne sera pas demandée, et n'aura par conséquent aucune valeur.

Cette supposition, qu'on me permette de le dire, est absurde.

Si, au milieu d'une ville populeuse, bloquée par l'ennemi, ayant consommé toutes ses provisions, et se voyant réduite à la plus cruelle extrémité, arrivait un chargement de vivres, serait-il rationnel de dire que personne n'en voudrait? Le besoin est l'excitant irrésistible des échanges, et les échanges deviennent à leur tour le plus impérieux et le plus universel de tous les besoins. On recherchera donc toujours et avec empressement l'instrument, la monnaie, qui rend les échanges faciles, qui fait aller les produits si divers, si nombreux et si dispersés, là où les besoins les réclament. Et ne perdons pas de vue, que le besoin de monnaie, se liant avec tous les besoins de l'homme en société, demande impérieusement à être satisfait.

SUPÉRIORITÉ DE LA MONNAIE DE PAPIER.

Maintenant que nous avons démontré qu'on peut fabriquer la monnaie avec une matière qui n'a pas de valeur, la solution du problème de l'adoption de la monnaie de papier se trouve, quant au fond, résolue. Il ne reste à examiner que la question de savoir, s'il est avantageux de substituer la monnaie de papier à la monnaie métallique, et si cette substitution n'est pas accompagnée d'inconvénients tellement graves qu'ils balancent, s'ils ne surpassent, les avantages qu'on se propose d'en retirer.

Les propriétés d'une bonne monnaie sont, la divisibilité, la transportabilité, la facilité à être comptée, la valeur, une grande valeur sous un petit volume, et le bon marché de la fabrication.

En donnant à la monnaie de papier la forme des billets de banque, on obtient à un degré éminent toutes ces qualités : et il faut bien qu'elles se trouvent dans les billets, puisque, nonobstant que les billets ne sont que des promesses, que les signataires peuvent ne pas accomplir, on les préfère à la monnaie elle-même. La monnaie de papier, sous cette forme, permet de créer à volonté des monnaies d'une très-grande valeur, ou d'une valeur moindre, selon l'exigence des besoins. Au moyen de la monnaie de papier, on peut effectuer en peu de minutes des paiements qui exigeraient de longues heures, si on les faisait en monnaie métallique. Quant au transport, il est évident qu'on peut mettre dans son portefeuille des sommes qui exigeraient l'emploi de voitures attelées, si elles étaient en pièces d'or et d'argent. Et quant aux frais de fabrication, il est difficile d'imaginer une monnaie qui coûtât moins à confectionner ; la matière a très-peu de valeur, et la plus forte dépense consiste dans les précautions nécessaires pour prévenir la contrefaçon. Ajoutons à ces avantages, celui, non moins important, d'épargner la perte inévitable de l'usure des monnaies. Cette perte a été calculée à $\frac{1}{2}$ p. % au moins par an, pour les pièces d'argent, et à $\frac{1}{8}$ p. % pour celles d'or. Perte considérable, qui impose un tribut annuel de 2 millions au pays dont la valeur monétaire s'élève à 400 millions.

Les avantages de la monnaie de papier, et sa supériorité à l'égard de la monnaie métallique, sont si évidents, que s'il y a quelque chose qui doive nous étonner, c'est de voir les gouvernements persévérer dans le vieux système de la monnaie métallique. La faute, à dire vrai, n'est pas des gouvernements, mais des écrivains, qui n'ont pas posé avec clarté les vrais principes du système monétaire. Je pourrais citer l'opinion d'auteurs justement estimés, qui repoussent l'idée d'une monnaie qui n'aurait pas, ce qu'on appelle, de la valeur intrinsèque.

Un autre avantage, qui n'est pas inhérent au système monétaire de papier, mais qui est la conséquence nécessaire de la substitution de ce système à celui de la monnaie métallique, est de rendre disponible la masse d'or et d'argent qui est aujourd'hui employée au service monétaire. Le pays qui adopterait le système monétaire de papier, deviendrait, tout à coup, plus riche de toute cette masse de métaux précieux qui se trouvent dans la circulation, sous la forme de monnaie, sans qu'il en coûtât rien à personne ; au contraire, en rendant service à tout le monde, par la substitution d'un bon à un mauvais instrument des échanges. Cette acquisition de richesse serait un don véritable, une espèce de legs, que nous auraient fait les générations qui nous ont précédés. C'est comme si nos pères avaient fait les essieux des voitures en argent, et que nous les eussions remplacés par des essieux en fer, plus forts, plus appropriés à cet usage, et en même temps plus économiques.

Cet avantage, quoique n'ayant lieu qu'une seule

fois, n'est pas à dédaigner ; car la quantité de monnaie en circulation est énorme. Il y a en Belgique, supposons-nous, au moins 300 millions de francs en circulation ; et certainement, il y a là plus qu'il n'en faut, pour rembourser toute la dette nationale, et pour exécuter de grands travaux d'utilité publique.

Le système monétaire de papier amènerait encore un autre avantage : celui de mettre en évidence la moralité du pays qui le mettrait à exécution, et la supériorité de ses connaissances économiques. Un pareil système, en effet, ne peut être adopté que par un peuple dont le gouvernement est assez éclairé pour mettre en pratique les bonnes doctrines sociales, et assez loyal pour être à l'abri de tout soupçon d'improbité. L'État qui donnerait l'exemple de cette hauteur de vues, et de cette rectitude de principes, se placerait pour ainsi dire à la tête du mouvement économique des nations ; attendu que la grande expérience monétaire qu'il aurait faite avec succès, fixerait nécessairement sur lui l'attention du monde civilisé, par la raison que le système monétaire d'un peuple se lie étroitement aux intérêts commerciaux de tous les autres peuples.

PEUT-ON ABUSER DE LA MONNAIE DE PAPIER ?

Il nous reste maintenant à examiner si, à côté de ces beaux résultats du système monétaire de papier.

il n'en est pas d'autres qui viendraient les détruire
ou les balancer.

La principale objection qu'on pourrait opposer à
ce système, c'est la facilité d'en abuser. On croit que
le gouvernement, pouvant convertir en monnaie une
substance qui n'a presque pas de valeur, se laisserait entraîner par les circonstances, et ne manque-
rait pas de prétextes pour faire des émissions exagérées, sans prendre souci de la perturbation qu'il
porterait, ainsi, dans toutes les affaires du pays. Et
l'on pourrait citer, à l'appui de ce danger, une longue série de désastres causés, à différentes époques,
et dans différents États, par l'emploi du papier-
monnaie comme numéraire circulant.

Nous devons d'abord relever la confusion qu'on
ferait ici du papier-monnaie et de la monnaie de papier. Il y a une grande différence dans ces deux
expressions, non-seulement dans les mots, mais dans
les choses. 1º Le papier-monnaie n'est pas la monnaie du pays; il n'en est que le signe. C'est une promesse de payer en monnaie d'argent la somme qui
s'y trouve inscrite : promesse dont l'accomplissement
est ajourné et dont le cours est rendu obligatoire
par la loi; c'est-à-dire, que la loi autorise les débiteurs
à remplir leurs engagements avec des promesses illusoires. La monnaie de papier au contraire est la monnaie, elle-même. 2º L'émission du papier-monnaie est
l'acte qui convertit temporairement un papier-monétaire remboursable en papier-monnaie non remboursable, ayant cours forcé; est une mesure de circon-

stance, commandée par des besoins extraordinaires. L'émission de la monnaie de papier est la conséquence de l'adoption d'un meilleur système monétaire, discutée et proclamée au milieu des circonstances les plus favorables, et par suite du développement de la richesse et de la prospérité du pays. 3º Par l'émission du papier-monnaie, on augmente la masse, et l'on altère par conséquent la valeur du numéraire en circulation. Par l'émission de la monnaie de papier, on ne fait que substituer une meilleure monnaie à une monnaie reconnue incommode et impropre à bien remplir le service des échanges; ce n'est pas un expédient pour se procurer des ressources, mais une mesure gouvernementale prise dans les temps les plus prospères, et dans le seul but d'améliorer le service d'une des branches les plus importantes de l'administration publique.

Il n'y a donc rien de commun, entre le papier-monnaie et la monnaie de papier; et l'on raisonnerait mal si l'on voulait, par une apparente analogie, attribuer à la monnaie de papier les conséquences fâcheuses du papier-monnaie.

Cette différence essentielle entre ces deux valeurs monétaires, ne suffit certainement pas à détruire l'objection posée plus haut, savoir, la facilité d'abuser de la monnaie de papier; mais il était important de la signaler, afin de nous prémunir contre les déductions erronées qu'on pourrait tirer de leur apparente analogie.

Les désastres financiers causés par le papier-monétaire, nom sous lequel nous avons désigné, soit le papier-monnaie ayant cours forcé, soit le papier de crédit remboursable, n'ont qu'une seule et même origine, savoir, l'excès d'émissions, ainsi que nous l'avons amplement démontré. Or, s'il est presque impossible d'empêcher l'excès dans l'émission du papier-monétaire, il est très-facile au contraire, comme nous allons le prouver, de le prévenir à l'égard de la monnaie de papier.

Commençons d'abord par faire une remarque, qui nous rassurera même contre la tentative d'une émission de monnaie de papier, au delà des limites qui lui auront été assignées, pour maintenir l'invariabilité de sa valeur.

Le système monétaire de papier est un véritable progrès social. Il ne peut être adopté que par les États où le gouvernement est contrôlé, où les saines doctrines sur la richesse publique, auxquelles se rattache la théorie de la monnaie, sont assez généralement répandues, pour qu'on puisse apprécier tous les avantages d'un tel système, et ne pas craindre qu'il n'amenât les calamités, qui ont toujours accompagné l'introduction du papier-monnaie dans la circulation. Dans un tel État, la législature et la nation ont assez de lumières, pour ne pas ignorer, que les avantages de la monnaie de papier reposent principalement sur l'invariabilité de sa valeur, et qu'en faisant de nouvelles émissions, qu'en ajoutant d'autres monnaies à la masse circulante, on n'ajoute rien aux ressources du pays, et on n'obtient d'autres résultats que d'altérer la valeur monétaire, raccourcir la mesure des valeurs, alarmer la confiance publique, et porter par conséquent la perturbation et la démoralisation dans les rapports pécuniaires entre les citoyens.

Le système monétaire de papier n'est, jusqu'à ce jour, qu'une idée abstraite : aucun peuple, ni aucun écrivain, que nous sachions, ne l'a conseillé, excepté le profond Ricardo, et après lui Mill et Mac Culloc, qui l'ont conçu d'une manière incomplète. Ricardo, esprit éclairé et indépendant, s'est laissé, lui aussi, dominer par l'opinion vulgaire, que la valeur monétaire doit s'appuyer sur la valeur métallique, et n'a su imaginer qu'un système monétaire bâtard. Il propose la création, non d'une véritable monnaie de papier, mais de signes monétaires remboursables en lingots. L'idée de Ricardo est certainement un progrès, puisqu'elle empêche la circulation simultanée du papier et des pièces métalliques ; mais elle est incomplète, d'abord, parce qu'elle laisse toujours à l'or et à l'argent le privilége de servir d'intermédiaire des échanges, et d'être la mesure des valeurs, et ensuite, parce qu'elle établit le système monétaire sur une fiction, sur la réalisation des billets qui sont censés représenter la masse de métal qui s'y trouve indiquée, tandis qu'il n'en existe qu'une fraction très-minime dans les caisses du trésor public. Du reste, Ricardo ne pouvait pas concevoir la possibilité d'une monnaie sans, ce qu'on appelle, valeur intrinsèque, ayant proclamé la maxime, que ce sont les frais de production, et non pas l'offre et la demande, qui déterminent le prix et la valeur des produits.

Ainsi, puisque le système monétaire de papier, tel que nous le proposons, n'a pas de précédents, on aurait tort de l'attaquer par les faits antérieurs, qui se rapportent à un autre ordre d'idées. En effet, le papier-monnaie, cause de tant de désordres, n'est pas un système monétaire, mais un expédient, ainsi que nous l'avons déjà fait observer, auquel on a recours dans des circonstances difficiles : il n'existe que par l'existence de la monnaie métallique, dont il n'est que le reflet, ou plutôt une usurpation, et n'a de force que celle qu'il emprunte d'elle. Ne citons donc plus les crises financières, les saturnales du papier-monnaie, comme argument contre la monnaie de papier; il n'y a rien de commun entre ces deux valeurs. Si, au lieu de papier, nous avions pu trouver une autre substance, aussi peu coûteuse et plus propre à la confection de la monnaie, nous l'aurions préférée au papier, et alors il n'y aurait pas même analogie de nom entre notre monnaie et le papier-monnaie.

MOYENS POUR EMPÊCHER L'ABUS DE LA MONNAIE DE PAPIER.

Ces réflexions cependant ne nous dispensent pas de convenir, que les mêmes désastres qui suivent les émissions exagérées de papier-monnaie, auraient également lieu, si l'on commettait la même faute à l'égard de la monnaie de papier. Il nous reste donc toujours à résoudre le problème, sur les moyens à employer, pour empêcher l'abus d'émissions d'une monnaie qui ne coûte presque rien, et qu'on peut fabriquer par masses énormes et en très-peu de temps.

1er Moyen. Soumettre le gouvernement au contrôle du pays. C'est-à-dire, que le système monétaire de papier ne pourrait pas être introduit dans les États soumis au régime d'un pouvoir illimité. Là, où la volonté du souverain est absolue, il ne peut pas y avoir de garantie réelle contre l'abus des émissions. Assurément, un prince éclairé se gardera bien de commettre une faute aussi préjudiciable au bien-être de ses sujets. Le roi Frédéric-Guillaume, qui gouverne avec tant de sagesse les États Prussiens, en est un lumineux exemple. Ce prince a, comme bien d'autres souverains, eu recours, dans des circonstances difficiles, à l'expédient du papier-monnaie; et, quoique son pouvoir fût absolu, il a circonscrit néanmoins l'émission du papier dans certaines limites : il a ainsi préservé son peuple des calamités qui accompagnent presque toujours l'emploi de ce dangereux auxiliaire de la monnaie. Mais, malgré ces exemples, il n'est pas moins vrai, que lorsqu'un grand intérêt social n'a d'autre garantie que la volonté irresponsable du pouvoir, il n'est pas à l'abri des dangers; surtout, s'il se trouve en opposition avec l'intérêt, même mal entendu, du même pouvoir qui doit le protéger.

2e Moyen. Ce moyen existe par le fait même de l'adoption de la monnaie de papier. La législature et le pays qui adoptent le système monétaire de papier, non comme mesure de circonstance, mais comme acte permanent d'administration, et après en avoir mûrement discuté les avantages et les inconvénients, font preuve, ainsi que nous l'avons déjà remarqué, de ne pas ignorer le véritable principe sur lequel ce système repose, savoir, la limitation rigoureuse des émissions ; et de connaître également les fâcheuses conséquences qu'amènerait la violation de ce principe.

3e Moyen. Attribuer à la loi exclusivement toutes les mesures qui ont rapport à la monnaie, celle surtout, qui a pour objet de déterminer l'opportunité et le montant des émissions. C'est-à-dire, qu'aucune émission de monnaie ne puisse avoir lieu, et aucune mesure concernant cette branche du service public, ne puisse être prise, sans qu'elle soit précédée d'une proposition formelle du gouvernement, appuyée des motifs qui en démontrent l'utilité ; d'une discussion solennelle dans les chambres législatives et dans les feuilles publiques, qui certainement ne manqueront pas de s'emparer d'une question aussi éminemment sociale ; du vote conforme des trois branches de la législature, et de la publicité qui accompagne toujours la promulgation des lois du pays.

L'objet de ces solennités législatives, est d'empêcher d'abord, qu'aucune autorité de l'État ne puisse porter atteinte au système monétaire, et de mettre ensuite au grand jour, non-seulement les motifs qui déterminent toute mesure monétaire, celle surtout. relative aux émissions; mais de faire connaître en même temps la quantité réelle de monnaie qui est introduite dans la circulation, afin de rassurer les esprits sur l'impossibilité d'augmenter clandestinement la masse circulante, et d'en déprécier par conséquent la valeur. Du reste, la législature ne sera appelée à autoriser de nouvelles émissions que dans les premiers temps de l'adoption du système, lorsque l'on devra, par des émissions successives, porter la valeur de la nouvelle monnaie au niveau de la valeur de l'ancienne, ainsi que nous verrons plus tard. Une fois que ce terme sera atteint, il ne sera plus libre de créer de nouvelles monnaies, à moins d'événements extraordinaires, dont il sera parlé plus bas.

4e Moyen. Confier la confection et l'émission de la monnaie, ainsi que le maintien de l'intégrité du système monétaire, à une commission des monnaies, mixte, responsable, composée de membres des deux chambres, désignés par les chambres elles-mêmes, de délégués du commerce et des manufactures, et d'un commissaire du gouvernement. La durée des fonctions des membres de la commission sera limitée; mais les membres sortants pourront être réélus. Les ateliers de fabrication de la monnaie, ne pourront être ouverts qu'en présence des membres de la commission, et par suite de la loi qui autorise la fabrication de nouvelles unités-monétaires. Ils pourront l'être également pour la conservation et l'entretien du matériel, en vertu de délibération de la commission elle-même. Procès-verbal devra être rédigé, sur les registres de la commission, de l'acte d'ouverture et des mesures de surveillance prises pour prévenir les abus.

La responsabilité des membres de la commission pour être réelle, devra être corroborée par des sanctions pénales très-rigoureuses, non pas pour les empêcher d'agir dans leur propre intérêt, ce qui n'est pas présumable de la part d'hommes si haut placés, mais pour les empêcher de céder aux mesures arbitraires que le gouvernement pourrait prendre dans des moments d'urgence, sous prétexte de sauver le pays; car s'il y avait danger pour le pays, certes, ce n'est pas en violant les saintes sûretés du système monétaire, ce n'est pas en trompant la foi publique, qu'on pourrait le conjurer ou le combattre.

5e Moyen. La publication dans les journaux, à des époques déterminées, du nombre d'unités-monétaires que l'hôtel des monnaies met dans la circulation, afin que non-seulement les habitants du pays, mais tous les peuples qui ont des relations commerciales avec lui, soient instruits du fait principal qui détermine la valeur monétaire de l'État qui a adopté le système de monnaie de papier.

Outre ces mesures, qui nous paraissent très-efficaces pour éloigner toute possibilité de violation du principe fondamental du système, la limitation des émissions, nous en indiquerons d'autres qui leur prêteront plus de force, un peu plus loin, quand nous nous occuperons des moyens pratiques, pour mettre à exécution la réforme que nous proposons.

DU PAIR DU CHANGE EN MONNAIE DE PAPIER.

Une autre objection pourrait être opposée à notre système, savoir, la difficulté d'établir le cours du change avec l'étranger ; ce cours ayant pour base le pair des monnaies respectives, c'est-à-dire, la quantité d'argent ou d'or pur qu'elles contiennent.

Il n'y a aucun doute, que l'existence d'un produit tel que l'or et l'argent, dont l'usage est commun à tous les peuples civilisés, qui a le pouvoir d'acheter sur tous les marchés du monde les marchandises exposées en vente, d'un produit dont la valeur est à l'abri de fortes variations ; il n'y a aucun doute, disons-nous, qu'un tel produit n'offre de grandes facilités aux relations commerciales de peuple à peuple, et ne remplisse très-convenablement les fonctions de monnaie universelle. En effet, les nations civilisées emploient les métaux précieux comme mesure commune des valeurs, pour la liquidation de leurs créances et de leurs dettes respectives.

Mais il ne faut pas conclure de ces observations, que le commerce de peuple à peuple se fasse, comme celui d'individu à individu, avec l'intervention de cette monnaie universelle. Les échanges entre les nations sont de véritables trocs de marchandises contre marchandises : il est rare qu'on expédie à l'étranger de l'argent pour prendre en retour des marchandises, ou qu'on y expédie des marchandises pour importer de l'argent.

L'armateur de Marseille, qui envoie des quincailleries en Italie, fait charger des huiles pour le retour : dans cette double opération, il n'y a pas de transport d'argent. L'achat des quincailleries et la vente des huiles en France se font avec la monnaie française, de même que la vente de la quincaillerie et l'achat des huiles en Italie se font avec la monnaie italienne. Il n'y a donc aucun besoin de faire intervenir une monnaie commune aux deux pays pour échanger mutuellement leurs produits.

La monnaie commune est néanmoins nécessaire, ainsi que nous l'avons déjà observé, pour régler les comptes de pays à pays. Il arrive en effet, non-seulement qu'il n'y a pas balance exacte entre les exportations et les importations d'un pays à l'égard d'un autre, mais que les possesseurs des marchandises exportées ne sont pas les mêmes personnes qui reçoivent les marchandises importées. Le négociant belge qui envoie des houilles en France, n'est pas le même négociant qui fait venir des soieries françaises en Belgique : et, en supposant même que la créance

du négociant de houille balance la dette du négociant de soieries, et qu'il n'y ait par conséquent
de différence à payer par aucun des deux pays,
une monnaie commune est toujours nécessaire pour
liquider la créance du négociant de houille envers
son débiteur français, et la créance du fabricant de
soieries envers son débiteur belge.

Cette nécessité d'une monnaie commune pour liquider les dettes internationales, n'empêche pas que
chaque nation ne puisse faire usage, pour ses échanges à l'intérieur, d'une monnaie spéciale, autre que
celle employée pour les échanges à l'extérieur.

Lorsqu'un banquier de Londres donne une traite
de 20,000 francs sur Paris, il n'a en vue que la
quantité d'argent contenue dans les 4,000 pièces de
5 francs avec lesquelles le banquier de Paris acquittera sa traite. C'est comme s'il disait à son cor-
respondant : payez 90 kilogrammes d'argent pur,
puisque 4,000 pièces de 5 francs en contiennent
exactement cette quantité.

Supposons, maintenant, que la monnaie fût de papier; cette circonstance n'empêcherait aucunement
le banquier de Londres de donner également sa
traite sur Paris pour une somme équivalente à 90 kilogrammes d'argent pur, quoique le paiement se fît
en monnaie de papier. Il lui suffit de connaître le
cours de l'argent à Paris, et de régler sur ce cours le
montant de sa traite, de la même manière qu'aujourd'hui on connaît le pair des monnaies, c'est-à-
dire, la quantité d'argent fin qu'elles contiennent, et

on règle sur cette base le cours du change. Il n'y aurait d'autre différence, que le pair des monnaies de métal est déterminé une fois pour toujours, si l'on n'altère pas les monnaies, et que le pair de la monnaie de papier doit être déterminé jour par jour, au moyen du cours de l'argent.

Cette circonstance serait, certainement, un grave inconvénient pour les relations internationales, si le prix de l'argent en monnaie de papier pouvait subir des variations sensibles et fréquentes. Mais cela n'aura certainement pas lieu : le prix de l'argent, dans les pays où le système monétaire de papier ést établi, conformément aux principes que nous avons développés, sera au contraire très-stable, et toujours assez pour servir de base invariable au cours du change avec les places étrangères ; et il le sera d'autant plus, si l'on adopte la mesure, que nous proposons plus loin, d'autoriser la commission des monnaies, à acheter les lingots d'argent, aussitôt que leur prix tombe au-dessous de fr. 222,22 par kilogramme d'argent pur, et de les revendre quand il s'élève plus haut.

Rendons ces considérations plus claires par un exemple.

Un fabricant belge expédie à New-York des produits qui lui ont coûté 600,000 francs en monnaie de papier, en supposant, bien entendu, que la monnaie belge soit de papier. Supposons que la vente du chargement à New-York, produise net une rentrée de 125,000 dollars, et que le fabricant veuille toucher cette somme à Anvers. Le commissionnaire américain peut lui expédier les 125,000 dollars en espèces, ou bien en une traite sur un banquier d'Anvers.

Dans le premier cas, le fabricant qui reçoit à Anvers les 125,000 dollars en espèces, les vendra contre de la monnaie de papier belge, comme il vendrait du sucre et du café s'il avait reçu ces marchandises en retour, et il liquidera ainsi son opération. Supposons que, sur la place d'Anvers, l'argent fin se vende, en monnaie de papier, à raison de francs 222 et 22 centimes par kilogramme; comme le dollar contient grammes 24 et 381 milligrammes d'argent pur, et les 125,000 dollars en contiennent kilogrammes 3,047 et 625 milligrammes, le fabricant aura encaissé, en monnaie de papier, une somme de 677,250 francs; c'est-à-dire, que l'envoi de ses produits à New-York lui aura procuré un bénéfice de 77,250 francs, moins les frais de transport de l'argent, les primes d'assurance et les commissions. On voit que l'intervention de la monnaie de papier, n'a porté aucun obstacle à la liquidation de cette affaire. Et, si le fabricant a dû vendre les 125,000 dollars comme marchandise, il aurait dû en faire autant, lors même que la monnaie belge eût été de métal; attendu que, le dollar n'étant pas monnaie du pays, il aurait bien été obligé de s'adresser à un changeur, à un banquier, ou à un orfévre, pour lui céder ses dollars contre des pièces métalliques, ou bien il aurait dû les envoyer à l'hôtel des monnaies pour les faire frapper en monnaie nationale.

Dans le cas, maintenant, où le commissionnaire de New-York, aurait cru plus convenable d'envoyer au fabricant belge une traite sur Anvers, le banquier américain qui aurait reçu les 125,000 dollars consulterait, pour régler le montant de sa traite, le dernier prix courant d'Anvers pour connaître le prix de l'argent, et il établirait sur cette base, d'abord le pair, et ensuite le cours du change entre les deux places, exactement comme il eût opéré si la monnaie d'Anvers était d'argent. Supposons que le prix courant de l'argent fin à Anvers fût de francs 222 et 22 centimes par kilogramme, comme le dollar en contient grammes 24 et 381 milligrammes, le pair du change serait de francs 5 et 42 centimes pour un dollar, et les 125,000 dollars vaudraient 677,500 francs. Or, si le change de New-York sur Anvers était de 1 p. %₀ en faveur de New-York, le banquier donnerait contre les 125,000 dollars une traite de 670,725 francs que le fabricant toucherait à l'échéance.

Ainsi, la monnaie de papier n'est pas un obstacle pour régler, comme on le fait aujourd'hui, par traites de place à place, les comptes du commerce international.

Nous ne pensons pas qu'on veuille objecter à ce que nous venons d'exposer, qu'il n'est pas certain que le prix de l'argent en monnaie de papier, serait adopté par les banquiers étrangers comme base du pair du change, ni que les négociants étrangers s'abstiendront d'expédier des marchandises dans un pays où les paiements se feraient en monnaie de papier.

Si les principes sur lesquels est fondé le système monétaire de papier sont vrais, ainsi que nous avons tâché de le démontrer, la monnaie de papier sera demandée, et aura de la valeur au même titre que la monnaie métallique, pourvu qu'on maintienne les émissions dans les limites déterminées. Mais, indépendamment du raisonnement qui prouve cette vérité, nous avons l'expérience, qui vient la confirmer ; et hâtons-nous d'ajouter que l'expérience dont nous voulons parler a été faite à l'égard du papier-monnaie, qui certainement est loin d'offrir les mêmes garanties que la monnaie de papier, telle au moins que nous la proposons.

Cette expérience a été faite en Angleterre pendant une période de 22 ans.

Depuis 1797 jusqu'à 1819, les billets de la banque de Londres, en vertu d'un acte du parlement, n'étaient pas remboursables en monnaie métallique, et leur cours était forcé, c'est-à-dire, que les billets de la banque de Londres étaient la monnaie du pays.

Cela n'a pas empêché d'établir le cours du change entre l'Angleterre et l'étranger, et de l'établir sur le prix de l'or en billets de banque.

Aussi longtemps que l'or valait en billets ce qu'il valait auparavant en pièces métalliques, le pair du change s'est maintenu sur l'ancien pied, c'est-à-dire à raison de **20** schellings pour une livre sterling en papier ; et la France donnait au pair fr. **25-21** pour une livre sterling.

Mais les besoins du gouvernement britannique, qui fournissait en grande partie les fonds nécessaires pour entretenir la guerre continentale contre la France, ayant successivement donné lieu à de nouvelles émissions de billets, et par conséquent à leur dépréciation, la livre sterling de papier a successivement baissé de valeur, dans la même proportion de l'augmentation de la masse circulante des billets ; c'est-à-dire, qu'une livre sterling en papier ne s'échangeait plus contre **20** schellings en monnaie métallique, et que le prix de l'or et de l'argent payable en billets, s'élevait à mesure que la valeur des billets diminuait. Or, comme le prix des métaux précieux à Londres était à l'étranger la base du pair du change avec cette place, les traites sur Londres perdaient dans le même rapport de la dépréciation de la valeur des billets à l'égard de la valeur de l'or et de l'argent. Le maximum de la dépréciation a été de **20** pour % environ, et une traite de Paris sur Londres ne coûtait alors, au pair, à Paris, qu'à raison de **16** schellings par livre sterling, c'est-à-dire, les $\frac{4}{5}$ de la valeur de la livre sterling en monnaie métallique.

L'effet contraire eut lieu lorsque la banque de Londres, voulant relever la valeur de son papier avant l'époque où le remboursement des billets redevenait obligatoire, a commencé par retirer successivement de la circulation la quantité qui y était en excès, et qui avait produit la dépréciation. Le succès de cette mesure n'était pas douteux : à mesure que la masse des billets diminuait, leur valeur s'élevait; et elle a atteint le pair de l'or avant même que la banque eût repris ses paiements en monnaie métallique. Le change avec l'étranger a suivi le même mouvement ascensionnel, et a également atteint le pair de la livre sterling en or.

Ainsi, on voit que l'expérience confirme la théorie, et que l'adoption du système monétaire de papier se concilie aussi avec les besoins des échanges avec l'étranger, et ne présente aucune difficulté pour liquider et solder les dettes respectives des nations qui possèdent la monnaie de papier, avec celles qui continuent à faire usage de monnaie métallique.

CONTREFAÇON DE LA MONNAIE DE PAPIER.

On pourra peut-être objecter encore contre notre système, que l'immense profit qu'offre la contrefaçon de la monnaie de papier serait un excitant au crime de fausse monnaie, et une cause d'alarme pour le pays.

Cette objection n'est pas sérieuse. Aujourd'hui aussi il y a un immense profit à contrefaire les billets de banque, et ce profit tente même quelques hommes pervers; mais cela n'empêche pas la circulation des billets. La contrefaçon est certainement un mal très-grave, qui d'ailleurs existe également dans le système de monnaie métallique, mais, comme il est facile de la signaler et d'en atteindre les auteurs, la confiance publique n'en est pas ébranlée. Ajoutons, qu'à l'égard de la monnaie de papier, la contrefaçon aura plus d'obstacles à surmonter, le gouvernement pouvant prendre des mesures plus efficaces pour la prévenir.

Ainsi, rien ne s'oppose à l'adoption d'un système monétaire nouveau, plus en rapport avec les progrès de l'industrie et de la richesse des nations. Toute la difficulté consiste à empêcher l'abus d'émission, à rendre infranchissables les limites qui déterminent la quantité de monnaie que les besoins réclament; et nous avons vu qu'indépendamment des moyens préventifs directs, on atteint ce but par le fait même de l'adoption du système; c'est-à-dire que la législature et le pays, qui ont su en apprécier les avantages, devant posséder des connaissances assez étendues sur les véritables sources de la richesse publique, ne voudront certainement pas gâter leur œuvre par des actes qui en saperaient la base. Cette observation est tellement vraie que dans ces derniers temps, même les gouvernements absolus, ont reconnu la nécessité de limiter l'émission de papier-monnaie, lorsqu'ils ont eu recours à ce dangereux expédient. La Prusse, ainsi que nous l'avons déjà remarqué, et l'Autriche dans les derniers temps, en sont un lumineux exemple.

Il est temps donc de ne plus nous laisser effrayer par les fantômes du passé. Le papier-monnaie, cause de tant de calamités, est mort à jamais; il a été entraîné dans le même abîme où ont été englouties tant de fausses doctrines, tant de mauvaises institutions, qui arrêtaient le progrès des sociétés humaines. La monnaie de papier, au contraire, est le résultat de ce même progrès qui a renversé le papier-monnaie; est une nouvelle création, qui doit adoucir et rendre plus facile, le mouvement des rouages très-compliqués, de cette grande machine qu'on appelle industrie, et qui tous les jours prend des dimensions plus larges et plus colossales. La monnaie de papier sera, nous en sommes convaincu, le partage des nations éclairées, probes, riches et industrieuses, et la monnaie métallique ne survivra que chez les peuples placés sur les derrières de la civilisation.

MOYENS PRATIQUES POUR L'ADOPTION DU SYSTÈME MONÉTAIRE DE PAPIER.

Nous clôturons cet essai par l'indication des moyens pratiques, que nous croyons devoir être employés, pour opérer, sans secousse, et sans froisser les intérêts existants, la transition du vieux au nouveau système monétaire.

Le gouvernement qui voudrait introduire dans ses États le système monétaire de papier, doit

d'abord déterminer la valeur de la nouvelle unité-
monétaire ; car, n'oublions pas, qu'il dépend de lui
de l'établir à la hauteur qu'il juge la plus convenable,
au moyen d'émissions plus ou moins abondantes.

Si, au moment de l'adoption de la nouvelle monnaie, il n'existait pas de transactions antérieures
basées sur l'unité-monétaire métallique, il serait indifférent d'émettre tel ou tel nombre d'unités-monétaires, et de fixer ainsi à tel ou tel degré sa valeur,
pourvu qu'on ne dépassât pas certaines limites , au
delà desquelles l'usage de la monnaie deviendrait
incommode.

Mais, s'agissant de substituer une monnaie à une
autre, il est important de prendre en considération,
non-seulement les intérèts qui se rattachent à la
monnaie qu'on a en vue d'abolir, mais aussi l'habi-
tude des masses, de rapporter à celle-ci toutes leurs
transactions.

Ainsi, pour laisser les choses dans le même état
où elles se trouvent, et n'y apporter qu'un seul
changement, celui de remplacer une monnaie par
une autre, il est utile d'élever la valeur de la nouvelle unité-monétaire au même niveau que l'ancienne, et même de lui laisser la même dénomination.

Si l'on voulait introduire en Belgique le système
monétaire nouveau, on appellerait *franc* l'unité-
monétaire de papier, et l'on réglerait les émissions
de manière que la valeur du franc de papier s'équi-
librât avec la valeur du franc actuel d'argent, et se

maintînt toujours dans le même rapport d'égalité. En d'autres termes, on réglerait les émissions de manière à porter la valeur du papier au point, qu'avec fr. 222,22 en papier on pût acheter un kilogramme d'argent fin.

Pour atteindre ce but, voici, à notre avis, les dispositions que devrait contenir la loi organique du nouveau système monétaire.

1° Déterminer le nombre d'unités-monétaires qui seront d'abord fabriquées, pour être échangées contre un pareil nombre d'unités métalliques. Ce nombre doit être supérieur à celui qu'on présume devoir être émis, afin qu'il en reste de disponibles pour les opérations dont il sera parlé plus bas.

2° Fixer une première époque, et l'annoncer six mois d'avance, où la monnaie métallique cessera d'être la monnaie légale du pays, et sera remplacée par la monnaie de papier; c'est-à-dire, l'époque où les créanciers seront autorisés à refuser les paiements en monnaie métallique, et les débiteurs à s'acquitter en monnaie de papier.

Le gouvernement, en sa double qualité de créancier des contribuables et de débiteur des personnes chargées des différentes branches du service public, exigera le paiement de ses créances et acquittera ses dettes, en monnaie de papier.

3° Ouvrir, trois mois avant l'époque ci-dessus, des comptoirs dans tout le royaume, où l'on puisse échanger la monnaie métallique contre la monnaie de papier, et vice-versâ.

Par ce moyen on maintiendrait, dès le début, l'équilibre entre les deux valeurs ; car s'il n'était pas permis de convertir à volonté la monnaie métallique en monnaie de papier, il en résulterait nécessairement, que cette dernière aurait une valeur supérieure à celle de la monnaie métallique, pendant tout le temps qui s'écoulerait pour émettre tout le papier nécessaire au nivellement de ces deux valeurs. Et nous avons en même temps accordé la faculté d'échanger le papier contre l'argent, afin de rassurer les personnes peu éclairées, qui, ne comprenant pas toute la solidité du nouveau système monétaire, ont besoin que l'exemple et le temps, viennent les convaincre, que la valeur de la monnaie de papier est aussi réelle que la valeur des écus.

Si l'on objectait, que cette faculté de convertir les monnaies de papier en monnaies métalliques, rendrait l'adoption du nouveau système illusoire, parce que tout le monde s'empresserait de convertir le papier en écus, on peut répondre, d'abord que cette faculté n'est que temporaire, ainsi qu'on le verra à l'article qui suit ; ensuite, que l'obligation de payer les contributions en papier, ainsi que la grande facilité qu'il offre pour les paiements de fortes sommes, le feraient nécessairement demander. Mais, outre ces motifs, si la monnaie de papier était dépréciée, ainsi qu'on se plaît à le supposer, la dépréciation elle-même deviendrait une cause de demande, attendu que tout débiteur commencerait

par convertir son argent en papier, pour s'acquitter
avec une monnaie qu'il pourrait se procurer en donnant en échange une somme inférieure au montant
de sa dette. Cette seule circonstance suffirait pour
élever la valeur du papier au niveau de la valeur
des écus, attendu que la quantité de papier est limitée, et que les émissions ultérieures ne peuvent
avoir lieu, qu'en échangeant par sommes égales le
papier contre des écus, et non autrement.

4° Fixer une seconde époque où les comptoirs n'é-
changeront plus au pair le papier contre des espèces,
mais contre des lingots évalués au-dessous de fr.
222,22 par kilogramme d'argent fin, et de fr. 3444,44
par kilogramme d'or fin, ou contre des espèces éva-
luées comme lingots sur le même pied : c'est-à-dire,
qu'on exigera, pour chaque pièce métallique qu'on
recevrait contre du papier un agio en faveur du papier, dont le montant sera fixé d'après la valeur donnée au lingot. Par contre, les comptoirs recevraient
au pair la monnaie de papier contre des espèces, ou
contre des lingots évalués à raison de fr. 222,22 par
kilogramme d'argent pur, et de fr. 3444,44 par kilogramme d'or pur. Quant à l'or, comme il vaut
aujourd'hui plus que 15 ½ fois la valeur de l'argent,
on pourrait modifier l'évaluation de fr. 3444, 44 par
kilogramme, et même autoriser les comptoirs à
refuser de donner de l'or contre du papier ; il suffirait qu'ils l'échangeassent contre de l'argent, qui doit
être considéré comme l'étalon unique de la nouvelle unité-monétaire. Du reste nous n'indiquons

les chiffres que pour rendre plus claire notre pensée;
on sera libre de les modifier si des appréciations
plus exactes en font connaître l'utilité.

Par cette mesure on se prémunit contre la possibilité d'émettre plus ou moins de papier qu'il n'en
faut, pour en élever la valeur au niveau, et même
un peu au-dessus, de la valeur de l'ancienne monnaie. Cette supériorité du papier sur l'argent, qui
du reste doit être très-minime, mais qui sera maintenue par la disposition indiquée à l'article 6, a
pour objet, d'abord, d'habituer les porteurs de papier à le considérer comme une valeur au moins
aussi réelle que celle de l'or et de l'argent; et ensuite
à établir une faveur, une préférence, pour la monnaie de papier, sur toutes les places qui ont des relations de change avec le pays qui l'a adoptée. On
sait que la bonté de la monnaie, donne au pays qui
la possède, quelque avantage dans la liquidation de
ses opérations avec l'étranger.

5° Fixer une troisième et dernière époque où les
comptoirs seront supprimés, et la faculté d'échanger réciproquement la monnaie ancienne ou les
lingots contre la monnaie nouvelle sera retirée;
c'est-à-dire, l'époque où le nouveau système monétaire sera en pleine vigueur.

6° A partir de cette époque, la commission des
monnaies, dont il a été fait mention précédemment,
sera autorisée à vendre ou à acheter des lingots
selon que le prix sera supérieur ou inférieur à
fr. 222,22 par kilogramme d'argent, et à fr. 3444,44

par kilogramme d'or; c'est-à-dire, qu'elle achètera les lingots au-dessous de ce taux, et les vendra aussitôt que le prix sera plus élevé.

Au moyen de ces achats et de ces ventes, on est sûr de maintenir la valeur du franc de papier au niveau et même un peu au-dessus de la valeur du franc en argent; c'est-à-dire, qu'un franc de papier vaudra toujours, ou, en d'autres termes, achètera toujours 4 ½ grammes d'argent pur. Et si, pour maintenir cet équilibre, le gouvernement est obligé de garder sans emploi une certaine quantité de lingots, il est largement indemnisé par les différences de prix, dans les achats et dans les ventes de cette marchandise. Au reste, une fois que la valeur de l'unité-monétaire de papier sera fixée, les achats et les ventes des lingots n'auront lieu que dans les cas très-rares de circonstances extraordinaires, telles que crises financières à l'étranger, qui provoquent passagèrement la hausse ou la baisse de l'argent; car la valeur de la monnaie de papier et celle de l'argent, ne seront plus sujettes à des variations sensibles, attendu la stabilité de l'offre et de la demande de ces produits.

Les précautions que nous venons d'indiquer, pour maintenir l'équilibre entre la valeur du papier et la valeur de l'argent, seraient superflues à l'égard des transactions à l'intérieur; mais elles ont quelque utilité pour les transactions avec l'étranger, en rendant facile la liquidation des dettes et des créances respectives, au moyen d'une mesure commune des valeurs. L'égalité de valeur du franc nouveau et du franc métallique, sert aussi à ne pas froisser les intérêts réglés par des transactions conclues avant, mais qui s'accomplissent après l'adoption du système monétaire de papier. Le lecteur verra dans notre sollicitude pour les intérêts positifs, que si nous appuyons notre système sur les principes abstraits de la science, nous ne négligeons rien pour écarter, par des moyens pratiques, les inconvénients réels qui pourraient entraver sa mise en exécution.

Ricardo, dans son projet d'une monnaie de papier, dont nous avons déjà dit quelques mots, dominé par l'opinion que le remboursement est une condition essentielle de la monnaie de papier, propose de laisser aux porteurs la faculté de l'échanger contre des lingots. Outre que cette faculté est illusoire, puisqu'elle repose sur une fiction, sur l'existence de lingots, dans le trésor public, pour une somme égale au montant total de la monnaie en circulation, elle fausse le système dans son principe, en créant, non pas une monnaie réelle, ayant de la valeur par elle-même, mais des signes représentatifs de la valeur d'un autre produit; c'est-à-dire, en créant des monnaies qui ne sont pas des monnaies. Cette faculté d'échanger la monnaie de papier contre des lingots, expose d'ailleurs le pays à des pertes considérables, soit dans le cas où des spéculateurs puissants voudraient faire des bénéfices en forçant les remboursements, soit dans le cas de crises

financières à l'étranger, ou de découverte de nouvelles mines d'argent plus riches et pouvant être
exploitées à moins de frais que les mines actuelles.

Ces graves inconvénients sont écartés, en attribuant au gouvernement, lui-même, la faculté d'échanger, au moyen d'achats et de ventes, le papier en
lingots, ou les lingots en papier, selon les variations
que la valeur de l'argent pourrait subir. Par ce
moyen, tout en conservant l'équilibre entre la valeur du papier et la valeur de l'argent, on laisse au
papier toute son indépendance, toute sa souverai-
neté, si je peux m'exprimer ainsi ; on met le pays
dans le cas de profiter des mêmes événements, qui
lui causeraient de grands dommages dans le système
de Ricardo.

Supposons, une émission exagérée de papier-monétaire dans un État riche et puissant ; l'excès de
papier chassera du pays une grande masse de métaux précieux, et affectera jusqu'à un certain point
leur valeur. Cette circonstance fera rentrer dans les
caisses de l'État qui a adopté le système monétaire
de papier, une certaine quantité de lingots achetés
au-dessous du cours ordinaire. Supposons, maintenant, que le même pays, par suite de l'excès de papier-monétaire jeté dans la circulation, subisse une
crise et se voie obligé de redemander avec empressement les mêmes métaux précieux que son impru-
dence a chassés du pays, il s'y opérera nécessairement une hausse dans la valeur de ces métaux, et
l'État qui, au moyen de sa monnaie de papier, les

avait achetés au-dessous du cours ordinaire, les re-
vendra avec bénéfice, tout en se proposant comme
but principal de ces ventes et de ces achats, le
maintien de l'équilibre de la valeur de la monnaie et
de la valeur de l'argent, et non pas une spéculation
commerciale.

Supposons, maintenant, le cas de la découverte de
mines d'argent, plus abondantes, et exploitables à
moins de frais que les mines actuelles; cet événement amènera nécessairement une baisse plus ou
moins considérable, mais une baisse permanente
dans la valeur de l'argent, comme il est arrivé après
la découverte des mines du nouveau monde. Le
pays qui possède la monnaie de papier, et qui laisse
au gouvernement exclusivement, le soin d'en équi-
librer la valeur avec la valeur de l'argent, loin d'être
atteint par la baisse de cette dernière valeur, en retirera de grands bénéfices : voici comment.

La commission des monnaies, ayant mission
d'acheter les lingots, quand le prix est au-dessous de
la limite fixée par la loi, fera acquisition d'une masse
de lingots à des prix de plus en plus favorables, à
mesure que l'argent baissera sur le marché; et
comme les acquisitions ont lieu au moyen de nouvelles émissions de papier, la masse de la monnaie
en circulation augmentera, et par conséquent sa
valeur baissera dans la même proportion. Or, cette
baisse de la valeur monétaire, occasionnée par la
baisse de la valeur de l'argent, tandis qu'elle
n'apporte aucun préjudice au pays considéré en

masse [1], n'ayant d'autre résultat que de raccourcir la mesure des valeurs, amène de grandes masses d'argent dans les coffres de l'État. Ces richesses ne lui auront coûté autre chose, que les morceaux de papier façonnés en monnaie, donnés en échange pour en faire l'acquisition; c'est-à-dire, que le pays sera plus riche du montant total des émissions qu'il aura dû faire, pour abaisser la valeur du papier au niveau de la nouvelle valeur de l'argent. Et ajoutons, que ce profit, quoique très-réel, quoique fait au détriment des peuples qui font usage de monnaie d'argent, n'a rien d'immoral, étant le résultat d'un fait extérieur, de la baisse du métal, que les peuples s'obstinent à employer comme matière monétaire.

Le pays qui possède la monnaie de papier, étant instruit de la découverte de mines d'argent, plus riches et exploitables à moins de frais que les mines actuelles, pourrait suivre une autre marche. Au lieu de faire de nouvelles émissions de papier, pour abaisser sa valeur au niveau de la valeur de l'argent, il pourrait renoncer à la mesure de maintenir l'équi-

---

[1] Nous disons : le pays considéré en masse ; car, quant aux individus, elle froisse incontestablement les intérêts des créanciers au profit des débiteurs ; mais seulement pour les obligations contractées avant la baisse de la valeur monétaire, dont l'accomplissement doit avoir lieu après. Le fabricant de draps qui aurait acheté des laines avant la baisse de la valeur monétaire, et qui aurait dû vendre 400 pièces de drap pour en acquitter le prix, l'acquittera avec le produit de 300 pièces seulement, si la vente de son drap et le paiement des laines, auront lieu après la baisse, en supposant toutefois que cette baisse soit de 25 p. °/₀.

9

libre entre ces deux valeurs, cesser à cet effet les ventes et les achats de lingots, et arrêter pour toujours la quantité de papier introduit dans la circulation.

Dans cette supposition, il en résulterait également un grand avantage pour le pays qui possède la monnaie de papier, attendu que, la valeur de cette monnaie étant restée la même, et la valeur de la monnaie des autres États ayant subi la même dépréciation que l'argent, le change entre le pays à monnaie de papier, et les pays à monnaie d'argent, s'élèverait dans la même proportion, en faveur du premier, qui solderait ainsi avec avantage ses dettes avec l'étranger.

La mesure contenue dans cet article, savoir, de confier à la commission des monnaies le soin de maintenir l'équilibre entre la valeur de la monnaie et la valeur de l'argent, aura pour conséquence, que le pays à monnaie de papier sera le marché le plus important pour le commerce de l'or et de l'argent ; et les gouvernements des pays à monnaie métallique, en cas de besoins urgents de métaux précieux, soit pour prévenir ou arrêter une crise, soit pour expédier des subsides aux armées, trouveront sur ce marché les ressources les plus abondantes pour faire face à leurs besoins. Ils pourraient même conclure avec le gouvernement à monnaie de papier, des contrats pour que celui-ci leur livrât non-seulement des lingots, mais les espèces, elles-mêmes. A cet effet, il monterait une grande manufacture de monnaies métalliques, et frapperait, à des conditions données et avec les matrices qui lui seraient envoyées par les gouvernements respectifs, les monnaies de tous les États qui voudraient entrer en arrangement avec lui.

Quoique cette conséquence du système que nous proposons, soit d'un intérêt très-secondaire, nous avons cru utile de l'indiquer, pour mieux faire ressortir sa supériorité sur le système monétaire métallique [1].

[1] En proposant, comme nous l'avons fait, d'amener et de maintenir la valeur de notre monnaie de papier au niveau de la valeur de l'argent, nous avons obéi à la nécessité de transiger avec les opinions dominantes, qui auraient peut-être repoussé sans examen, l'introduction d'une monnaie de papier qui n'eût pas pour type la valeur de l'argent. Dans le système monétaire actuel, il n'y a pas de doute que l'argent est la véritable monnaie, attendu que par la fusion et par le monnayage on ramène toujours la valeur monétaire au niveau de la valeur du métal. Un des inconvénients de ce système est d'exposer la valeur monétaire aux chances, aux fluctuations, aux phases de la valeur d'un autre produit, servant à d'autres usages; et cette communauté de valeur est un inconvénient à l'égard de la monnaie, qui doit avoir, autant que possible, une valeur à elle, invariable et indépendante. Et puisque, dans le système de la monnaie métallique, il est presque impossible d'empêcher l'influence de la valeur métallique sur la valeur monétaire, la raison conseillerait de soustraire à cette pernicieuse influence la monnaie de papier, dont la valeur est indépendante de celle de la matière dont elle est formée. Dans ce système, une fois que la quantité de monnaie jugée nécessaire pour les besoins des transactions, a été émise, on devrait clôturer pour toujours les émissions. La valeur de l'unité-monétaire resterait, ainsi, stationnaire, et deviendrait une véritable mesure de la valeur de tous les autres produits. Si, à l'époque de la découverte de l'Amérique, la monnaie avait été de papier, l'exploitation des mines riches et fécondes du Pérou, du Chili et du Mexique, n'aurait porté aucune perturbation dans les transactions pécuniaires. Et pour l'avenir, si la richesse des peuples s'étend et s'élève, et que les mines ne donnent que la même, ou peut-être une moindre quantité de métal, la valeur de l'or et de l'argent s'élèvera nécessairement, et altérera ainsi la valeur

7° Frapper des pièces de métal, de 1, 2, 5, 10, 25, 50 centimes, de 1, 2 et 5 francs, pour les appoints et pour les paiements de petites sommes.

Autant la monnaie de papier est commode pour les paiements qui dépassent certaines limites, autant elle l'est peu pour les paiements d'une moindre importance.

Nous pensons que la plus petite somme en papier, ne doit pas être au-dessous de 10 francs. Pour les sommes inférieures à 10 francs, il est plus utile de frapper des pièces métalliques.

Si les principes sur lesquels s'appuie notre système monétaire, ont été clairement exposés, le lecteur comprendra facilement, qu'il n'est nullement besoin que ces monnaies métalliques soient d'argent, ni de cuivre, ni que leur poids soit en raison de la somme qui s'y trouve indiquée. Il est certain que si l'on peut donner une valeur de 1,000, de 10,000 francs à un morceau de papier qui n'a aucune valeur, on peut également donner une valeur de 5 francs à des pièces de métal qui en ont une très-minime.

monétaire de tous les peuples qui font usage de monnaie métallique. Pourquoi donc assujettirions-nous la monnaie de papier aux vicissitudes des métaux précieux, puisque nous pouvons fixer pour toujours sa valeur et la mettre à l'abri de tout changement; à l'exception toutefois de celui bien lent et progressif de l'augmentation des transactions pécuniaires, par suite de l'augmentation de la puissance productive des peuples. Mais même ce changement pourrait être empêché, en faisant à des intervalles plus ou moins éloignés, des émissions nouvelles, mais très-modérées de monnaie.

Ainsi, au lieu de frapper de grosses pièces, lourdes et incommodes, au lieu d'employer en pure perte un métal coûteux, pour les confectionner, on visera à frapper des pièces légères, d'une grandeur commode, et à les confectionner d'un métal qui coûte peu, et qui n'offense pas la propreté des mains quand on doit les compter.

A cet effet, on pourrait employer divers mélanges composés de métaux les plus communs, et opérer ces mélanges de manière à donner aux pièces des teintes variées, afin de reconnaître facilement leur valeur, non-seulement à la grandeur, mais aussi à la couleur du métal. Les plus grosses pièces, selon nous, celles de 5 francs, ne devraient pas dépasser la forme des pièces actuelles de deux francs, et pourraient être moins épaisses. On réglerait d'après cette grandeur celle des pièces d'une moindre valeur.

8° Autoriser la commission des monnaies de convertir à bureau ouvert, les monnaies d'une valeur en monnaie d'une autre valeur, soit de papier, soit de métal.

Cette facilité de conversion des monnaies a pour but de ne laisser dans la circulation, de chaque espèce, que la quantité exactement réclamée par les besoins.

9° Donner la plus grande publicité aux opérations et actes de la commission des monnaies. Tout ce qu'elle fait doit être mis au grand jour; tout doit être connu et dans le pays et à l'étranger.

Le système monétaire de papier vit de lumière comme les plantes; il faut que personne ne puisse suspecter la loyauté et la vérité des actes et des faits qui maintiennent son intégrité. Ce système s'appuie sur la foi, non d'un seul peuple, mais de tous les peuples civilisés de la terre.

A cet effet, chaque mois, la commission publiera la situation monétaire du pays. Elle fera connaître le nombre d'unités-monétaires de chaque espèce existantes dans la circulation; le nombre qu'elle en a retirées ou émises dans le courant du mois, au moyen de ventes ou d'achats de lingots; la quantité d'unités-monétaires qu'elle tient en réserve, pour opérer soit les conversions des différences espèces de monnaies, soit les achats des lingots; la quantité de lingots achetés ou vendus dans le courant du mois; le prix moyen de ces ventes ou achats; la quantité de lingots existants dans les coffres de l'État; enfin tous les faits auxquels les actes de la commission donneront lieu, et qui ont pour objet de maintenir sous sa responsabilité, et en se conformant aux dispositions de la loi, l'intégrité du système monétaire.

Voilà les principales dispositions que nous croyons devoir être prises par le gouvernement qui voudrait adopter notre système monétaire de papier. L'expérience en suggérera probablement d'autres, qui viendront compléter ces moyens d'exécution.

CONCLUSION.

Nous livrons ce projet de réforme monétaire aux méditations des hommes éclairés qui ont foi dans le progrès humanitaire; et nous ne nous dissimulons pas l'opposition qu'il doit rencontrer, non-seulement de la part des esprits timides que la moindre innovation effraie, mais surtout de la part des puissants intérêts qui se rattachent au système de monnaie métallique, que nous proposons d'abolir. Toutefois, si notre projet est fondé, si la réforme monétaire est une véritable amélioration sociale, si elle est réellement réclamée par le besoin de transactions plus rapides, plus étendues, et plus importantes, elle triomphera de tous les obstacles, et sera tôt ou tard proclamée et adoptée dans tous les États riches et puissants; et la monnaie métallique ne survivra que comme une nécessité sociale, dans les pays pauvres ou dans ceux soumis à un pouvoir non contrôlé; et cela jusqu'au jour, où la marche des choses viendra l'entraîner avec les autres nécessités qui pèsent lourdement sur les peuples.

En entreprenant ce travail, nous avons obéi non-seulement à ce besoin qu'éprouve tout écrivain de publier une vérité qu'il croit utile, mais aussi au sentiment de reconnaissance qui nous attache à la Belgique, où nous avons trouvé asile et protection. En voyant ce petit et nouvel État, grandir chaque jour en richesse, en activité industrielle et en applications pratiques des saines théories sociales, à l'ombre de ses belles institutions politiques, nous nous sommes demandé, si tant de prospérité n'était pas menacée, comme dans d'autres États plus riches encore et plus industrieux que lui, par ces crises financières qui fondent à l'improviste sur les peuples, et bouleversent en un jour les plus beaux plans de leur économie intérieure. Convaincu comme nous le sommes, que la seule et unique cause des crises est l'émission exagérée de papier-monétaire, nous avons conclu, que la Belgique serait, au moins, pendant quelque temps, à l'abri de ce terrible fléau, parce que le pays n'absorbe pas assez de papier pour l'attirer sur lui [1].

Mais nous avons conclu, également, que le jour viendra, où elle aussi sera entraînée dans le tourbillon des crises, si elle continue à conserver

[1] Nous avons déjà expliqué que le malaise financier que la Belgique éprouve dans ce moment, n'a rien de commun avec les crises provenant de l'excès d'émission de papier. Ce malaise a été occasionné par le retrait brusque d'une grande masse de capitaux de différentes branches d'industrie ; mais ce retrait n'a été et ne peut être qu'un mal passager, parce que les capitaux existent et n'attendent que le retour de la confiance pour se réassocier comme auparavant avec le travail. Les crises, au contraire, sont causées par l'épuisement des capitaux, par l'impuissance de continuer l'œuvre de la production : elles laissent derrière elles des ruines, des travaux inachevés, des entreprises avortées, des pertes irréparables, des regrets stériles, le découragement et l'épouvante dans l'esprit de tout le monde. Dès lors, les organes de la vie industrielle sont frappés d'impuissance, et ont besoin d'un long espace de temps pour restaurer leurs forces affaiblies et en partie éteintes. La Belgique, heureusement, est loin de se trouver dans ces déplorables circonstances.

son système monétaire métallique : car le progrès des transactions rendant impossible l'exécution des paiements en monnaie de métal, l'emploi du papier deviendra une nécessité, s'étendra de plus en plus dans les couches inférieures de la société, provoquera l'excès d'émissions, et par conséquent l'excès d'entreprises, qui amènera infailliblement la crise.

Nous avons voulu préserver ce beau pays d'un si terrible fléau, et nous avons exposé notre plan de réforme monétaire avec d'autant plus d'empressement, que la Belgique est très-avantageusement placée pour l'entreprendre avec succès. Ici, le concours du pays dans la gestion des affaires publique est réel, et ne laisserait aucun doute sur l'inviolabilité du système monétaire. La probité proverbiale du peuple belge, y ajouterait une nouvelle garantie; et sa prospérité réelle, établie sur des bases solides, éloignerait toute incertitude sur le véritable motif de l'adoption de la monnaie de papier. D'ailleurs, ni sa dette, ni les besoins du gouvernement, ne sont disproportionnés avec les ressources du pays, et les nouveaux capitaux que l'esprit d'épargne, qui distingue les Belges, irait accumulant chaque année, sont des faits lumineux très-propres à éclairer l'opinion sur le véritable caractère de la réforme monétaire qu'elle entreprendrait.

Il est inutile de répéter que, la réforme faisant entrer dans les coffres de l'État, la totalité des monnaies métalliques qui sont actuellement dans la circulation, et qu'on peut évaluer à 300 millions de francs, le pays trouverait dans ce bénéfice inattendu, les moyens de solder sa dette, et d'entreprendre de grands travaux d'utilité publique.

FIN.

TABLE

DES MATIÈRES.